HAZRAT MIRZA GHULAM AHMAD

DIE PHILOSOPHIE DER LEHREN DES ISLAMS

VERLAG DER ISLAM

Dem Übersetzer ist es ein Bedürfnis, Herrn DR. JÜRG VON INS, Universität Zürich, den aufrichtigen Dank auszusprechen für seine Freundlichkeit, vor der Drucklegung dieses Werkes das Manuskript durchzulesen und wertvolle Anregungen in bezug auf die Sprache zu machen.

Der Verfasser
HAZRAT MIRZA GHULAM AHMAD (1835–1908)
Der Verheißene Messias und Mahdi des Islams
Durch ihn wurde die weltweite
Ahmadiyya-Bewegung des Islams gegründet

Die Philosophie
der Lehren des Islams

Inhalt

Ein Versuch, die außergewöhnlichen Gedanken eines großen islamischen Geistes unseres Jahrhundertes den deutschsprachigen Lesern zugänglich zu machen. Der Originaltext dieser Schrift auf Urdu ist bereits in mehrere Sprachen übersetzt worden. Der manchem Leser sicher ungewöhnlich erscheinende Schriftstil des Verfassers wurde auch in der deutschen Fassung nach Möglichkeit beibehalten, um unwillkürliche Umdeutung des Gemeinten zu vermeiden.

Wichtig: Die in dieser Schrift reichlich zitierten Qur-ân-Stellen sind vom Verfasser nur in erklärendem und erläuterndem Sinne wiedergegeben worden, so daß ein wortwörtlicher Vergleich mit den arabischen Texten unangebracht wäre.

›*Die Philosophie der Lehren des Islams*‹ ist ein wohlbekanntes Essay über den Islam, verfaßt von Hazrat Mirza Ghulam Ahmad, dem Begründer der Ahmadiyya Muslim Jamaat (Gemeinde) im Islam. Das Original wurde anläßlich einer Konferenz der Religionen geschrieben, die vom 26. bis 29. Dezember 1896 in Lahore stattfand, um dort verlesen zu werden

Seit diesem Zeitpunkt diente es den Suchern nach religiösem Wissen und Wahrheit in den unterschiedlichsten Teilen der Welt als eine Einführung in den Islam. Es behandelt die folgenden fünf weitgefaßten Themen, festgelegt von den Veranstaltern der Konfernz; 1. Was sind die physischen (natürlichen), moralischen und geistigen Zustände des Menschen? 2. Was ist der Zustand des Menschen nach dem Tode? 3. Was ist der Sinn des menschlichen Lebens hinieden, und welches sind die Mittel, diesen zu erfüllen? 4. Was ist die Wirkung des göttlichen Gesetzes auf den Menschen hinieden und im Jenseits? 5. Welches sind die Quellen der Gotteserkenntnis?

Erste Frage:

Was sind die physischen (natürlichen), moralischen
und geistigen Zustände des Menschen?

Zweite Frage:

Was ist der Zustand des Menschen nach dem Tode?

Dritte Frage:

Was ist der Sinn des menschlichen Lebens hienieden,
und welches sind die Mittel, diesen zu erfüllen?

Vierte Frage:

Was ist die Wirkung des göttlichen Gesetzes
auf den Menschen hienieden und im Jenseits?

Fünfte Frage:

Welches sind die Quellen der Gotteserkenntnis?

Vorwort

**Eine Botschaft
von Hazrat Mirza Tahir Ahmad,
Oberhaupt
der weltweiten Ahmadiyya Muslim Jamaat**

Die weltweite Ahmadiyya Muslim Jamaat feiert das 100jährige Bestehen der Publikation dieses hervorragenden Werkes, das ursprünglich anläßlich einer Religionskonferenz vorgestellt wurde, die vom 26. bis 29. Dezember 1896 in Lahore stattfand. Seine Abhandlungen wurden unter göttlichem Segen verfaßt, und sein einzigartiger Erfolg wurde durch prophetische Offenbarungen Gottes verbürgt, die veröffentlicht wurden, bevor die Konferenz abgehalten wurde. Darüberhinaus wurden an vielen öffentlichen Plätzen Lahores Handzettel verteilt und Plakate ausgehängt.

Wie es einer Gemeinde von Gläubigen geziemt, ist unsere Feier des Dankes voller Bedeutung und würdevoll und frei von jeglicher Art nutzloser und trivialer Zurschaustellung und Triumphes.

Wir feiern das 100jährige Bestehen dieses Werkes deshalb dahingehend, daß wir es in die meisten Hauptsprachen übersetzen. Wir hoffen daher, daß die meisten Nationen der Welt an seinen Segnungen teilhaben werden.

Dank der reinen Gnade Gottes haben wir die Übersetzung und Publikation dieses Buches in bisher 52 Hauptsprachen der Welt abgeschlossen. Zusätzlich ist die Übersetzung in einige der verbleibenden Sprachen vorangekommen; wir erwarten, daß diese durch die Gnade Gottes vor dem Ende von 1996 fertiggestellt sein werden.

Möge Allah diejenigen belohnen, die dem Zustandekommen dieser vortrefflichen Aufgabe ihr Potential, Zeit und Anstrengungen gewidmet haben.

Amen.

Mirza Tahir Ahmad
Januar 1996

Einleitung

Eine Person namens Swami Sadhu Shugan Chandra verbrachte drei oder vier Jahre seines Lebens damit, die Kaste der Kaaisth Hindu zu reformieren. Im Jahre 1892 kam er zu dem Schluß, daß solange die Menschen nicht unter einem Dach zusammengefaßt würden, seine Anstrengungen umsonst wären.

Daher machte er den Vorschlag, eine religiöse Konferenz einzuberufen, deren erste im Jahre 1892 in Ajmer (etwa 370 km südwestlich von Neu Delhi im Bundesstaat Rajasthan; Anm. d. Ü.) stattfand.

1896 überlegte er, daß Lahore ein geeigneter Tagungsort wäre, und er begann mit den Vorbereitungen für die zweite derartige religiöse Konferenz. Swami Sahib ernannte ein Komittee, das die Aufsicht über die Vorbereitungen ausüben sollte. Master Duragh Parshad war der Präsident dieses Komittees und Lala Dhanpat Roy, BA, LLB, der Chefsekretär.

Die für diese Veranstaltung ausersehenen Tage waren der 26. bis 28. Dezember 1896, und die folgenden sechs Personen wurden als Moderatoren benannt:

1. Roy Bahadur Babu Partol Chand Sahib, Richter am Chief Court im Punjab.

2. Khan Bahadur Sheikh Khuda Baksh Sahib, Richter am Small Cause Court in Lahore.

3. Roy Bahadur Pandit Radhma Kishan Sahib Cole, Verteidiger am Chief Court in Lahore, ehemaliger Gouverneur von Jammu.

4. Hadhrat Maulvi Hakeem Nur-ud-Din Sahib, Königlicher Leibarzt.

5. Roy Bhavani Das Sahib, MA, Zusätzlicher Siedlungsbeauftragter aus Jhelum.

6. Sardar Jawahar Singh Sahib, Sekretär des Khalsa Komittees aus Lahore.

Das Komittee lud die gelehrten Vertreter der Muslime, Christen und Aryas ein, die Vorzüglichkeiten ihrer jeweiligen Glaubensbekenntnisse vorzustellen. Das Ziel der *Konferenz Großer Religionen*, abzuhalten in der Stadthalle von Lahore, war, die Vorzüge und Verdienste der wahren Religion anläßlich einer Zusammenkunft kulitivierter Personen darzulegen, so daß deren Liebe in ihre Herzen einflösse, und daß jene deren Argumente und Beweise gut kennenlernten.

Den gelehrten Heiligen jeder Religion wurde somit die Gelegenheit gegeben, andere von der Wahrheit ihrer jeweiligen Religion zu überzeugen, während es andererseits den Zuhörern möglich wäre, jede Rede im Vergleich zu den anderen zu beurteilen und die Wahrheit, wo auch immer sie zu finden wäre, anzunehmen.

Dazu hieß es:

»Streitigkeiten zwischen den Anhängern verschiedener Religionen haben den Wunsch erweckt, nach dem wahren Glauben zu suchen. Dies wird am besten durch die Zusammenkunft der gelehrten Prediger und Lehrer erreicht, so daß sie im Rahmen einiger weniger veröffentlichter Fragen die Schönheiten ihrer jeweiligen Glaubensinhalte darlegen können. Während einer solchen Konferenz wird die wahrhaftige Religion Gottes gewiß offensichtlich werden.

Dies ist das Ziel der Konferenz. Jeder gelehrte Lehrer und Prediger weiß darum, daß er verpflichtet ist, die Wahrheiten seines Glaubens augenscheinlich zu machen. Die Konferenz wird aus dem Grund veranstaltet, daß die Wahrheit manifest werde, und ist somit eine Gottgegebene Gelegenheit für sie (die gelehrten Heiligen), diesem Ziel gerecht zu werden. Derartige Gelegenheiten sind uns nicht immer gegeben.«

Sich weiter über sie (die Gelehrten; Anm. d. Ü.) auslassend, schrieb Swami Sahib:

»Wenn eine Person sieht, daß eine andere an einer tödlichen Krankheit leidet, und er fest daran glaubt, daß er im Besitz des Heilmittels für diese Krankheit ist, und er weiterhin beansprucht, Mitgefühl für seine Mitmenschen zu haben, wie ist es ihm dann möglich, sich abzuwenden, wenn er gerufen wird, ein Heilmittel beizubringen? Mein Herz ist mit dem Verlangen angefüllt, zu erfahren, welches die Religion voll mit Wahrheit ist. Ich habe nicht die Worte, meiner Leidenschaft Ausdruck zu verleihen.«

Repräsentanten unterschiedlicher Religionen akzeptierten Swami Sahib's Einladung, und die *Konferenz Großer Religionen* fand während der Weihnachtsferien 1896 statt. Von jedem Redner wurde verlangt, fünf Fragen anzusprechen, die im voraus vom Komittee veröffentlicht wurden. Das Komittee setzte darüberhinaus als Bedingung fest, daß jeder Sprecher die Antworten soweit wie möglich auf das Heilige Buch seiner Religion beschränken sollte.

Die Fragen lauteten:

1. Welches sind die physischen, moralischen und spirituellen Zustände des Menschen?

2. Was ist der Zustand des Menschen nach dem Tode?

3. Was ist der wahrhaftige Zweck der menschlichen Schöpfung auf der Erde und wie kann dieser erreicht werden?

4. Welcher Art sind die Einflüsse seiner eigenen Handlungen im diesseitigen und jenseitigen Leben?

5. Was sind die Quellen göttlichen Wissens?

Die Konferenz fand vom 26. bis 29. Dezember statt, und wurde von Vertretern der Sanatan Dharm, des Hinduismus, der Aray Samaj, der Freidenker, der Brajmo Samaj, der Theosophischen Gesellschaft, der Gruppierung Religion der Harmonie, von Christen, Muslimen und Sikhs besucht. Alle Vertreter sprachen auf dieser Konferenz, jedoch nur einer der Vorträge gab eine wahre und vollständige Antwort auf alle fünf Fragen.

Worte können die Atmosphäre nicht beschreiben, die herrschte, als Maulvi Abdul Karim Sialkoti höchst ausdrucksvoll den Vortrag des Verheißenen Messias verlas. Jede Person, ungeachtet welcher Religionszugehörigkeit, konnte nicht anders, als seine Anerkennung und Billigung zum Ausdruck zu bringen. Es gab nicht einen Menschen, der nicht vertieft und entzückt war. Der Vortragsstil war überaus fesselnd und ansprechend. Welch besserer Beweis für die Vortrefflichkeit dieser Schrift als die Tatsache, daß sogar die Gegner voller Lobes waren. Ungeachtet dessen, eine christliche Zeitung zu sein, betrachtete die ›Civil And Military Gazette‹ aus Lahore diese Rede als die einzig erwähnenswerte, und es war die einzige, die von jener aufs höchste gelobt wurde.

Diese Rede wurde von Hazrat Mirza Ghulam Ahmad aus Qadian verfaßt, dem Begründer der Ahmadiyya Muslim Jamaat. Sie konnte nicht in den zwei zur Verfügung gestellten Stunden verlesen werden, weswegen die Konferenz um einen Tag verlängert werden mußte. Die Zeitung ›Punjab Observer‹ füllte Spalte um Spalte des Beifalls über sie. ›Paisa Akhbar‹, ›Chaudhvin Sadee‹, ›Sadiq-ul-Akhbaar‹, ›Mukhbir i Dakkan‹ und der ›General-o-Gohari Asifi‹ aus Kalkutta, usw., alle diese Zeitungen waren einmütig in ihrem Jubel. Nicht-Muslime und nicht-Inder, alle erklärten diesen Essay zu dem überlegenen der Konferenz.

Der Sekretär der Konferenz, Lala Dhanpat Roy, BA, LLB, Verteidiger am Chief Court Punjab, schrieb in seinem ›Bericht über die *Konferenz Großer Religionen*‹ (›Dharam Mohotsu‹):

»Auf die Rede des Pandit Gordhan Das Sahib folgte eine halbstündige Unterbrechung. Da auf dem nächsten Tagesordnungspunkt das Verlesen einer Rede im Namen eines berühmten Verfechters des Islams stand, verließen die meisten Leute nicht ihre Plätze. Das große Islamia-College-Gebäude begann sich lange vor 13.30 Uhr zu füllen. Die Menge umfaßte 7.000 bis 8.000 Menschen. Anwesend war ein gebildetes und aufgeschlossenes Publikum unterschiedlicher Religionszugehörigkeiten und Nationen, und obwohl reichlich Tische, Stühle und Fußbodenplätze zur Verfügung gestellt worden waren, hatten doch hunderte von Anwesenden keine andere Möglichkeit als zu stehen. Die Besucher setzten sich aus vielen Würdenträgern, Führern des Punjab, Gelehrten, Rechtsanwälten, Juristen, Professoren, Zusatzassistenten und Doktoren zusammen. Kurzum, mannigfache Vertreter der gebildeten Gesellschaft waren anwesend.

Sie standen vier bis fünf Stunden und hörten mit großer Geduld und gespannter Aufmerksamkeit zu, und dies zeigt, wie tief sie sich dieser heiligen Sache annahmen. Der Verfasser der Rede nahm nicht in persona teil, einer seiner Gefolgsleute jedoch, Maulvi Abdul Karim Sialkoti, war damit beauftragt, selbige auf der Konferenz vorzutragen.

Das Komittee hatte dem Essay zwei Stunden zugebilligt; doch war es zu diesem Zeitpunkt noch nicht beendet. Da sie das lebhafte Interesse sahen, das vom Publikum gezeigt wurde, einigten sich die Moderatoren bereitwillig, die Sitzung bis zum Ende der Rede auszudehnen. Diese Entscheidung entsprach voll und ganz den Wünschen der Teilnehmer. Maulvi Yusuf Mubarak Ali erklärte sich damit einverstanden, auf seine Redezeit zu verzichten, so daß Mirza Sahib's Essay zu Ende vorgetragen werden konnte. Dies wurde vom Publikum und den Moderatoren weithin gewürdigt.

Das Ende der Konferenz war für 16.30 Uhr vorgesehen, in Anbetracht der Wünsche des Publikums wurde sie bis nach 17.30 Uhr verlängert. Das Essay wurde in vier Stunden vorgetragen, und von Anfang bis Ende war es höchst interessant und wurde hochgeschätzt.«

Nach dem Erhalt prophetischer Offenbarung von Gott am 21. Dezember 1896, einige Tage vor der Konferenz, hatte der Begründer der Ahmadiyya Muslim Jamaat öffentlich, verkündet, daß sein Essay das Überwältigende sein würde.

Die Übersetzung seiner Erklärung ist nachstehend angeführt.

»Eine großartige Neuigkeit für die Sucher nach der Wahrheit«[2]

Anläßlich der ›Konferenz Großer Religionen‹, die am 26., 27. und 28. Dezember 1896 in der Stadthalle von Lahore stattfindet, wird ein Aufsatz dieses Demütigen verlesen werden, der sich mit den Schönheiten und Wundern des Heiligen Qur-âns beschäftigt. Dieser Aufsatz ist nicht das Ergebnis gewöhnlicher menschlicher Anstrengung, sondern ein Zeichen unter den Zeichen Gottes, geschrieben mit Seiner speziellen Unterstützung. Er beschreibt die Schönheiten und Wahrheiten des Heiligen Qur-âns und beweist wie die Mittagssonne, daß der Heilige Qur-ân in Wahrheit Gottes eigenes Wort ist und ein Buch, offenbart vom Herrn aller Schöpfung. Jedermann, der diesem Aufsatz von Anfang bis Ende zuhört, meiner Schilderung aller fünf für diese Konferenz vorgegebenen Themata, wird, ich bin sicher, einen neuen Glauben entwickeln und wird ein neues Licht wahrnehmen, welches in ihm selbst scheint, und wird einen umfassenden Kommentar zum Heiligen Wort Gottes erwerben.

Dieser mein Aufsatz ist frei von menschlicher Schwäche, leeren Prahlereien und eitlen Behauptungen. Ich wurde durch die Sympathie meinen Mitmenschen gegenüber dazu bewegt, diese Verkündigung zu machen, so daß sie die Schönheit des Heiligen Qur-âns bezeugen können und erkennen sollten, wie unsere Feinde darin irren, daß sie die Dunkelheit lieben und das Licht hassen. Gott, der Allwissende, hat mir offenbart, daß mein Aufsatz allen anderen Aufsätzen überlegen erklärt werden wird. Es ist erfüllt von dem Licht der Wahrheit, der Weisheit und des Verständnisses, was alle anderen Beteiligten beschämen wird, vorausgesetzt, sie nehmen

23

an der Konferenz teil und schenken ihr von Anfang bis Ende Gehör. Sie werden nicht dazu in der Lage sein, diesen Eigenschaften etwas Gleiches aus ihren Schriften entgegenzustellen, seien sie Christen oder Aryas oder jene der Sanatan Dharm oder irgendwelcher anderer, weil Gott es so bestimmt hat, daß anläßlich dieses Tages die Herrlichkeit Seines Heiligen Buches manifestiert wird.

Ich sah in einer Vision, daß sich aus dem Ungesehenen heraus eine Hand auf mein Schloß legte, und daß bei der Berührung dieser Hand ein glänzendes Licht aus dem Schloß hervorbrach und sich in alle Richtungen ausbreitete. Es erleuchtete ebenso meine Hände. Daraufhin proklamierte jemand, der in meiner Nähe stand, mit lauter Stimme: ›Allah- o-Akbar, Kharibat Khaibar‹ (›Allah ist der Größte, Khaibar ist gefallen‹).

Die Interpretation lautet, daß mit meinem Schloß mein Herz gemeint ist, auf welches das himmlische Licht der Wahrheiten des Heiligen Qur-âns herabsank, und mit Khaibar sind all jene entstellten Religionen gemeint, die von Heidentum und Unwahrheit heimgesucht sind, in denen der Mensch emporgehoben wurde, den Platz Gottes einzunehmen, oder in denen göttliche Attribute aus ihren vollkommenen Stellungen herabgerissen wurden. Auf diese Weise wurde mir bekanntgegeben, daß die weite Verbreitung dieses Aufsatzes die Unwahrheit falscher Religionen entlarven werde, und daß sich die Wahrheit des Qur-âns zunehmend über die Welt verbreiten wird, bis sie ihren Zenit erreicht haben wird.

Von dieser Vision aus bewegte sich mein Geist weiter zum Empfang der Offenbarung, und ich empfing die Offenbarung:

›Gott ist mit dir, und Gott steht, wo du stehst.‹

24

Dies ist eine Metapher, die die Versicherungen Göttlicher Unterstützung überbringt. Ich brauche weiter nichts zu schreiben. Ich dränge jedermann, dieser Konferenz beizuwohnen, selbst auf Kosten einiger Unanehmlichkeiten, und diesen Wahrheiten zu lauschen. Falls sie es .tun, werden ihr Verstand und ihr Glaube solchen Nutzen daraus ziehen, wie sie sich es in ihren kühnsten Träumen nicht vorstellen können. Friede sei auf denen, die der Leitung folgen.

Ghulam Ahmad
Qadian, 21. Dezember 1896«

An dieser Stelle scheint es angemessen, als Beispiel die Meinungen einiger weniger Zeitungen von damals anzuführen:

›Civil And Military Gazette‹, Lahore (Auszüge):

»Die Teilnehmer dieser Konferenz zeigten für den Vortrag von Mirza Ghulam Ahmad aus Qadian großes Interesse. Sein Aufsatz war eine sachkundige und fehlerlose Verteidigung des Islams, eine große Zahl Menschen aus allen Gesellschaftsschichten kam von nah und fern, um diesen anzuhören. Mirza Sahib war es unmöglich, selbst zu erscheinen, so wurde sein Essay von einem seiner äußerst fähigen Schüler Maulvi Abdul Karim Sialkoti, vorgetragen. Am 27. Dezember widmete er der Rede drei Stunden, und sie wurde von der aufmerksamen Zuhörerschaft sehr gut aufgenommen. Jedoch war es ihm in diesen drei Stunden nur möglich, eine der fünf Fragen zu behandeln. Maulvi Abdul Karim versprach, daß er mit dem Vortrag fortführe, wenn er dafür mehr Zeit bekäme. Die Organisatoren und Präsidenten entschieden daher, die Konferenz um einen Extratag zu verlängern.«

25

›Chaudhvin Sadee‹, Rawalpindi,
vom 1. Februar 1897 (Auszüge)

»Der mit Abstand beste Vortrag war jener von Mirza Ghulam
Ahmad verfaßte, der auf die großartigste Art und Weise von
dem berühmten und ausdrucksstarken Redner Maulvi Abdul
Karim Sialkoti verlesen wurde. Der Aufsatz wurde in insge-
samt sechs Stunden vorgetragen; vier Stunden lang am 27.
Dezember und zwei Stunden am 29. Dezember, und er
umfaßt 100 Seiten. Das Publikum war bezaubert; jedem Satz
wurde applaudiert. Manchmal bat das Publikum darum, daß
ganze Sätze abermals und nochmals wiederholt werden.
Niemals zuvor haben wir einen derartig erfreulichen Vortrag
gehört. In Wahrheit haben die Vertreter der anderen Religionen die von der Konferenz aufgestellten Fragen gar nicht
angesprochen. Die meisten Redner behandelten die vierte
Frage ausführlich, und streiften die anderen nur sehr ober-
flächlich. Die Mehrheit der Redner sprach viel und sagte
wenig. Die Ausnahme war der Aufsatz Mirza Sahib's, der
auf jede der einzelnen Fragen eine detaillierte und umfassende Antwort gab. Das Publikum lauschte mit großem Interesse und ungeteilter Aufmerksamkeit einem Vortrag, den es als
mit Abstand am besten und herausragendsten ansah. Wir
sind weder Gefolgsleute von Mirza Sahib, noch haben wir
irgendeinen Kontakt zu ihm. Wie dem auch sei, in unserer
Berichterstattung dürfen wir nicht ungerecht sein. In Beantwortung der Fragen berief Mirza Sahib sich ausschließlich
auf den Qur-ân. Jegliches islamisches Hauptprinzip wurde
unter Verwendung logischer und überzeugender Argumente
makellos erklärt. Zuerst logische Argumente zu benutzen,
um die Existenz Gottes zu beweisen, und dann das Wort
Gottes zu zitieren, ist ein Stil, den wir höchst entzückend
finden. Mirza Sahib ließ sich nicht nur über die Philosophie
der qur-ânischen Lehren aus, er erklärte ebenfalls die Philo-

sophie und Philologie (Sprachwissenschaft; Anm. d. Ü.) der qur-ânischen Sprache. Kurzum, Mirza Sahib's Aufsatz war vollständig und umfassend, angefüllt mit Edelsteinen des Wissens, der Weisheit, Wahrheit und Mysterien. Die Philosophie des Göttlichen wurde so fabelhaft verdeutlicht, daß das gesamte Publikum vollkommen perplex war. Sein Vortrag war der Bestbesuchte, in einer Halle, vollgepackt vom Boden bis zur Decke.

Das gesamte Publikum hörte höchst aufmerksam zu. Um den Unterschied zu Mirza Sahibs Vortrag und denen anderer Redner zu verdeutlichen, genügt es zu sagen, daß die Menschen zusammenströmten, um seinen Aufsatz zu hören, währenddessen sie die der anderen aus Langeweile verlies sen. Die Rede von Maulvi Muhammad Hussain Batalvi war schlecht. Es war nichts als der übliche banale Mullaismus, nichts daran war außergewöhnlich. Viele Leute gingen während der zweiten Rede von Maulvi Mausoof, und Maulvi Mamduh wurden nicht einmal einige extra Minuten gewährt, um seine Rede zu beenden.

›General-o-Gohar Asifi‹, Kalkutta,
24. Januar 1897 (Auszüge)
(Der folgende Artikel wurde unter dem doppelten Titel ›Die Konferenz Großer Religionen‹ und ›Der Sieg des Islams‹ veröffentlicht).

»Bevor die Konferenz im allgemeinen besprochen wird, möchten wir darauf hinweisen, daß wir (wie unsere Leser wissen) in früheren Ausgaben schon darüber argumentiert haben, welcher gelehrte Heilige die Sache des Islams am besten präsentierte. In Anbetracht eines offenen und gerechten Urteils erwählte einer unserer bedeutenden Korrespondenten Mirza Ghulam Ahmad aus Qadian zum Champion des Islams, wie auch ein weiterer Korrespondent in einem

27

Brief an uns die gleiche Meinung äußerte. Maulvi Fakhruddin Sahib Fakhr befürwortete nachdrücklich, daß Mirza Ghulam Ahmad aus Qadian die Liste anführe, gefolgt von Sir Syed Ahmad Sahib aus Aligarh. Die weiteren Namen, die er als mögliche Champions des Islam vorschlug, lauten: Maulvi Abu Saeed Muhammad Hussain Sahib Batalvi, Haji Syed Muhammad Ali Sahib Kanpuri und Maulvi Ahmad Hussain Sahib Azeemebadi. Es wäre an dieser Stelle nicht unangebracht zu erwähnen, daß einer unserer Korrespondenten auch den Namen von Maulvi Abdul Haq Sahib Delvi vorschlug, den Autor des Tafseer-i-Haqqani.«

(Nach dem Abdruck eines Auszugs aus der Einladung Swami Shugan Chandra 's Einladung zu der Konferenz, schreibt die Zeitung weiter):

»Nachdem nun die Konferenz auf Plakaten ankündigt ist, welcher Gelehrten Ergeiz wird wohl erweckt werden, die heilige Religion des Islams vorzutragen? Inwieweit werden sie sich der Sache annehmen und über den Weg der vernünftigen Argumentation die anderen mit der Majestät des Göttlichen beeindrucken? Aus verläßlichen Quellen wissen wir, daß die Organisatoren der Konferenz Einladungsbriefe an Mirza Ghulam Ahmad Sahib und Sir Syed Ahmad Sahib verschickt haben. Sein schlecher Gesundheitszustand hielt Hadhrat Mirza Sahib davon ab, persönlich zu erscheinen, aber er beauftragte einen seiner Top-Gefolgsleute, Maulvi Abdul Karim Sialkoti, damit, seinen Aufsatz auf der Konferenz zu verlesen. Sir Syed jedoch nahm weder teil, noch reichte er einen Vortrag ein, und es waren nicht das Alter oder andere Verpflichtungen, die ihn davon abhielten. Tatsächlich betrachtete er es als unter seiner Würde stehend, religiöse Konferenzen zu beachten. Als Antwort auf die Einladung (wir werden seine Antwort in einer unserer zukünftigen Ausgaben veröffentlichen) schrieb er: ›Ich bin kein

Prediger oder ein Reformer oder ein Maulvi. Diese Konferenz ist für Prediger und Reformatoren.‹ Maulvi Syed Muhammad Ali Sahib Kanpuri, Maulvi Abdul Haq Sahib Delhvi und Maulvi Ahmad Hussain Sahib Azeemabadi zeigten kein großes Interesse an der Konferenz, und nicht einer aus der großen Schar der anderen gebildeten religiösen Gelehrten unseres Landes geruhte, irgendeinen Aufsatz zur dortigen Präsentation vorzubereiten. Zugegeben, ein oder zwei Personen nahmen die Herausforderung an, nur um dann ihre Anstrengungen auf sie zurückfallen zu sehen. Wie unser nächster Bericht beweisen wird, äußerten sie entweder nichts Relevantes oder sie gaben nur ein paar wenige leere Bemerkungen von sich. Der Verlauf der Konferenz zeigt, daß es ausschließlich Hazhrat Mirza Ghulam Ahmad aus Qadian war, der wahrhaftig die Sache des Islam meisterte, und daß er das Vertrauen ehrte, welches die Menschen in ihn setzten, die Sache des Islam zu vertreten. Seine Darstellung wurde von vielen islamischen Gemeinden Indiens aus Peshawar, Rawalpindi, Jhelum, Shahpur, Bhera, Khushab, Sialkot, Jamoon, Wazeerabad, Lahore, Amritsar, Gurdaspur, Ludhiyana, Shimla, Delhi, Ambala, Riasat, Patiala, Dera Doon, Ilahabad, Madras, Bombay, Hyderabad-Dakkan und Bangalore, etc., gebilligt. Es ist wahr zu sagen, daß wenn Mirza Sahib's Aufsatz nicht vorgetragen worden wäre, sich die Muslime im Vergleich zu den anderen Religionen blamiert hätten. Wäre es nicht für die mächtige Hand des Allmächtigen gewesen, hätte die Religion des Islam nicht die Oberhand gewonnen. Es ist Mirza Sahib's Essay zu verdanken, daß die Glorie des Islam etabliert wurde. Freund und Gegner gleichermaßen gaben die Überlegenheit dieses Aufsatzes über die anderen zu. In der Tat, nachdem es vorüber war, waren selbst die Feinde des Islam dazu gezwungen zuzugeben, daß der Vortrag ihnen geholfen habe, die Lehren des Islam zu verstehen, und daß der Islam siegreich gewesen sei. Mirza Sahib's Wahl

29

zum Champion des Islam ist höchst angemessen; niemand kann gegen seine Ernennung Einspruch erheben. Er hat uns einen Grund gegeben, stolz zu sein, und darin liegt die Glorie und Größe des Islam.

Dies war erst die zweite Konferenz Großer Religionen, die Größe der Zusammenkunft jedoch und ihr hohes intellektuelles Niveau haben alle anderen Kongresse und Konferenzen bei weitem überholt. Große Führer aus allen Hauptstädten Indiens waren anwesend, und wir sind stolz darauf sagen zu können, daß auch die Stadt Madras repräsentiert wurde. Die Konferenz stellte sich als so interessant heraus, daß die Organisatoren die auf drei Tage angesetzte (Konferenz; Anm. d. Ü.) auf vier erweitern mußten. Die Organisatoren hatten das Islamia-College zum Tagungsort auserwählt, da dies der größte öffentliche Platz in Lahore war. Es nahmen jedoch so viele Menschen teil, daß sich sogar dieser riesige Platz als unzureichend erwies. Der große Erfolg dieser Konferenz kann auch an der Tatsache gesehen werden, daß nicht nur die führenden Bürger des Punjab teilnahmen, sondern auch die Richter des Chief Court und High Court in Allahabad, die ehrenwerten Babu Partol Chand Sahib und Herr Bannerji, anwesend waren.«

(Ende der Zeitungsartikelauszüge)

Hazrat Mirza Ghulam Ahmad's Aufsatz wurde im ›The Report of the Conference of Great Religions‹ abgedruckt, und die Ahmadiyya Muslim Jamaat hat selbigen in Buchform unter dem Titel ›Islami Usool ki Philosophy‹ veröffentlicht. Unter dem Titel ›The Philosophy of the Teachings of Islam‹ (›Die Philosophie der Lehren des Islams‹) wurde es ins Englische übersetzt. Viele Auflagen dieses Buches wurden gedruckt, und es wurde ins Französische, Dänische, Spanische, Arabische, Deutsche und in verschiedene andere Sprachen übersetzt.

Von vielen Philosophen und ausländischen Zeitungen erhielt es günstige Kritiken, und viele westliche Intellektuelle haben es hochgepriesen, z. B. (in Auszügen):

1. ›The Bristol Times and Mirror‹ schrieb:
»Wahrlich, der Mann, der Europa und Amerika auf diese Weise anspricht, kann keine gewöhnliche Person sein.«

2. Das ›Spiritual Journal‹, Boston, schrieb:
»Dieses Buch ist eine gute Neuigkeit für die gesamte menschliche Rasse.«

3. Die ›Theosophical Booknotes‹ schrieb:
»Dieses Buch ist eine höchst wunderbares und gewinnendes Bild der Religion von Muhammad.«

4. Die ›Indian Review‹ schrieb:
»Dieses Buch repräsentiert klares Denken und vollkommene Weisheit, und der Leser hat keine andere Wahl, als es zu loben.«

5. Die ›Muslim Review‹ schreibt:
»Jeder, der dieses Buch liest, kann nicht anders als eine Vielzahl von äußerst tiefen und für die Seele sehr erfreulichen Wahrheiten entdecken.«

Die Schönheit dieses Aufsatzes liegt darin, daß es keine Religion angreift; es erklärt ausschließlich die Schönheit und Vorteile des Islams. Alle Fragen werden bezugnehmend auf den Heiligen Qur-ân auf eine Art und Weise beantwortet, die die Vollkommenheit des Islams beweisen und seine Überlegenheit über alle anderen Religionen.

JALAL-UD-DIN SHAMS

Anmerkungen zur Einleitung:m

1) Bericht der Conference of Great Religions; Seiten 253, 254; gedruckt bei Siddiqi Press, Lahore, 1897.

2) In seiner Ankündigung hat Swami Shugan Chandra Sahib die führenden Heiligen der Muslime, Christen und Aryas eingeladen, auf der von ihm vorgeschlagenen Konferenz im Namen Gottes die Vorzüglichkeiten ihrer jeweiligen Glaubensrichtungen darzulegen. Wir wünschen Swami Sahib dahingehend zu informieren, daß wir, um dem Namen Gottes Ehre zu erweisen, wie von ihm erwähnt bereit sind, seiner Bitte nachzukommen, und – wenn Gott will – wird unser Aufsatz auf der vorgeschlagenen Konferenz verlesen werden. Islam ist ein Glaube, der einen wahren Muslim dazu anhält, vollkommene Gehorsamkeit zu demonstrieren, wenn er aufgerufen wird, etwas im Namen Gottes zu unternehmen. Wir werden nun sehen, wieviel Hochachtung seine Brüder, die Aryas und christlichen Heiligen vor der Ehre Parmeshwars oder vor der Jesu besitzen, und ob sie dazu bereit sind, an der Konferenz teilzunehmen, die im Namen des Glorreichen Heiligen Einen abgehalten wird.

Eine wichtige Neuigkeit

für die Sucher nach der Wahrheit

Swami SHUGAN CHANDRA Sahib hatte durch seine Ankündigung die führenden Gelehrten der Muslime, Christen und Aryas im Namen Gottes eingeladen, in einer von ihm angeregten Konferenz die Vorzüge ihrer jeweiligen Glaubensbekenntnisse darzutun. Wir geben dem Swami Sahib gerne bekannt, daß wir, um den von ihm angerufenen Namen Gottes zu ehren, bereit sind, seinem Wunsch zu entsprechen. So Gott will, wird unser Vortrag an dieser Konferenz verlesen werden. Der Islam ist ein Glaube, der einen wahren Muslim anweist, vollkommenen Gehorsam zu bezeugen, wenn er aufgefordert wird, etwas im Namen Gottes zu tun. Nun wird es sich zeigen, in wie großer Ehre die anderen Kollegen des Swamis, die Aryas und die Christen, ihren Permeschwer beziehungsweise ihren Christus halten, und ob sie bereit sind, an der Konferenz zu erscheinen, die im Namen des Glorreichen einberufen wird.

An der Tagung der großen Religionen, die also am 26., 27. und 28. Dezember 1896 in der Stadthalle von Lahore durchgeführt wird, gelangt eine Abhandlung über die Vorzüge und Wunder des Heiligen Qur-âns aus der Feder dieses Demütigen zur Verlesung. Diese Abhandlung ist nicht das Ergebnis gewöhnlichen menschlichen Bemühens, sondern sie ist ein Zeichen unter den Zeichen Gottes, welches mit Seiner Unterstützung verfaßt wurde. Sie zeigt die Wahrheiten und Schönheiten des Heiligen Qur-âns und erhellt wie die Mittagssonne, daß der Heilige Qur-ân in der Tat Gottes Eigenes Wort ist und ein Buch, welches durch den Herrn aller Welten offenbart wurde.

Jeder, der sich die Vorlesung über die Beantwortung der fünf zur Diskussion gestellten Themen von Anfang bis zum Ende anhört, wird – dessen bin ich sicher – eine neue Glaubenskraft in seinem Innern erleben, und ein neues Licht wird ihn erleuchten, und er wird dank einer umfassenden Erläuterung des Heiligen Wortes Gottes sein Wissen bereichern. Diese meine Abhandlung ist frei von menschlicher Schwäche, leeren Anmaßungen und bloßen Behauptungen.

Es ist allein die Liebe zu den Mitmenschen, welche mich dazu bewogen hat, diese Ankündigung zu veröffentlichen, damit sie die Schönheiten des Heiligen Qur-âns bezeugen und begreifen sollten, wie irrig unsere Gegner liegen, wenn sie die Finsternis lieben und das Licht hassen.

Gott, der Allwissende, hat mir offenbart, daß meine Rede die beste unter allen anderen sein wird. Sie ist voll des Lichtes der Wahrheit, der Weisheit und der Gotteserkenntnis. Alle anderen Parteien werden beschämt sein, vorausgesetzt, sie nehmen an der Tagung teil und hören meinen Ausführungen von Anfang bis zum Ende zu. Es wird ihnen nicht gelingen, gleichwertige Vorzüge aus ihren heiligen Schriften aufzuzeigen, seien sie Christen, Aryas, Angehörige des Sanatan Dharm oder andere. Dies, weil es Gott dem Allmächtigen gefällt, daß an jenem Tage die Glorie Seines Heiligen Buches manifestiert werden wird.

In diesem Zusammenhang sah ich in einem Traum eine Hand aus dem Ungesehenen auf mein Haus niederkommen. Durch die Berührung mit dieser Hand trat ein strahlendes Licht aus dem Haus hervor und verbreitete sich in alle Richtungen. Es erleuchtete auch meine Hände. Daraufhin verkündete jemand, der neben mir stand, mit klarer Stimme:

»Allah-o-Akbar, kharebat Khaibar.«
(Gott ist groß, Khaibar ist gefallen.)

Die Deutung hiervon ist, daß das Haus für mein Herz steht, auf welches das himmlische Licht der Wahrheit des Heiligen Qur-âns herabscheint. Mit ›Khaibar‹ sind all die pervertierten religiösen Lehren gemeint, die mit heidnischem Gedankengut und Falschheiten vermengt sind, bei denen der Mensch an die Stelle von Gott gesetzt wurde, oder die vollkommenen Attribute Gottes von ihrem hohen Rang heruntergestürzt worden sind. Es wurde mir damit enthüllt, daß durch die breite Veröffentlichung dieser Abhandlung die Unwahrheiten der verfälschten religiösen Lehren bloßgelegt und die Wahrheit des Qur-âns sich Tag für Tag stärker auf der Welt ausbreiten wird, bis sie ihren höchstmöglichen Punkt erreicht haben wird. Sodann wurde ich vom Zustand dieses Traumgesichts zum Empfang direkter Offenbarung von Gott geleitet, worauf ich die Offenbarung (auf arabisch) erhielt:

»Gott ist mit dir, und Gott steht immer dort, wo du stehst.«

Dies ist eine Metapher, die für göttlichen Beistand steht.

Ich brauche wohl nicht weiteres zu schreiben. Dringend bitte ich jeden, an der Konferenz in Lahore teilzunehmen und sich diese Wahrheiten anzuhören, auch wenn es für ihn mit Unannehmlichkeiten verbunden ist. Wenn sie das auf sich nehmen, dann werden ihr Verstand und ihr Glauben einen solchen Nutzen daraus ziehen, der jenseits ihrer Vorstellungskraft liegt.

Friede sei mit dem, der den rechten Weg befolgt!

Qadian,
den 21. Dezember 1896

Ghulam Ahmad

35

Im Namen Allahs, des Gnädigen, des Barmherzigen

Wir lobpreisen Ihn und erflehen
Seine Segnungen über Seinen edlen Propheten

ISLAM

Grundsatz:
Behauptung und Beweise müssen
aus dem offenbarten Buch selbst stammen

Diese segensreiche Versammlung wurde einberufen, um den geladenen Rednern die Gelegenheit zu geben, im Rahmen der zur Diskussion gestellten Fragen die Vorzüge ihrer eigenen Religion darzutun. Ich selbst werde bei den Schönheiten des Islams verweilen. Bevor ich aber auf das eigentliche Thema eingehe, möchte ich festhalten, daß meine Ausführungen allesamt auf dem Heiligen Qur-ân, dem reinen Wort Gottes, beruhen und von ihm abgeleitet werden. Ich betrachte es als das Allerwichtigste, daß jeder, der an eine religiöse Schrift als das offenbarte Wort Gottes glaubt, sich zur Darlegung seiner Religion darauf beschränkt, sich auf sein heiliges Buch zu berufen und nicht Dinge zu erzählen, die außerhalb dieses Buches stehen. Denn, wenn er seine Ausführungen dieser Regel nicht unterstellt, wird es heißen, daß er sozusagen ein neues Buch erfindet. Da meine Aufgabe darin besteht, die Schönheiten des Qur-âns aufzuzeigen und seine exklusive Überlegenheit unter Beweis zu stellen, werde ich mich, diese Regel befolgend, allein auf den Qur-ân stützen und nur das ausdrücken, was seine Worte klar und deutlich enthalten, oder was vernunftsgemäß daraus abgeleitet werden kann. Dies soll den Zuhörern ermöglichen, den Wert der verschiedenen Bücher, von welchen behauptet wird, sie seien von Gott offenbart worden, zu Vergleichszwecken einzuschätzen.

Da es zu erwarten ist, daß die anderen Redner ihre Ausführungen ebenfalls auf die Inhalte ihrer offenbarten Bücher beschränken, werde ich sogar auch darauf verzichten, die Traditionssprüche des Heiligen Propheten Mohammad als Quellen für meine Angaben zu verwenden. Denn schließlich können alle richtig überlieferten Traditionssprüche zum Qur-ân selbst zurückverfolgt werden, welcher das vollkommene und letzte heilige Buch ist. Kurz, heute wird sich die Herrlichkeit und Überlegenheit des Qur-âns manifestieren, und ich erflehe die Unterstützung Gottes für dieses Unternehmen. *Amen*!

Was sind die physischen (natürlichen), moralischen und geistigen Zustände des Menschen?

Einige an den Anfang dieser Abhandlung gestellte einleitende Bemerkungen mögen auf den ersten Blick als belanglos und unzutreffend erscheinen, aber sie sind wichtig, indem sie zum besseren Verständnis des ihnen folgenden Themas beitragen. Darum habe ich sie als erklärende Einleitung ausgesprochen.

Dreiteilung der Zustände des Menschen

Die erste Frage betrifft die physischen (natürlichen), moralischen und geistigen Zustände des Menschen. Diese Dreiteilung wird im Heiligen Qur-ân so dargestellt, daß jedem der drei Zustände ein eigener Ursprung zugeordnet wird. Mit anderen Worten: er erwähnt drei verschiedene Quellen, denen diese drei Zustände entspringen.

DIE ERSTE QUELLE: DER ZUM BÖSEN VERLEITENDE TRIEB IN UNS

Die erste Quelle, welcher der physische Zustand des Menschen entspringt, wird im Heiligen Qur-ân mit *Nafs-e-ammara* oder ›der unbeherrschte Trieb‹ bezeichnet, wie es heißt:

$$\text{اِنَّ النَّفْسَ لَاَمَّارَةٌ بِالسُّوْءِ}\;(\text{يوسف}:٥٣)$$

Das heißt, der unbeherrschbare Geist neigt dazu, den Menschen zum Schlechten zu verleiten. Es ist ein Merkmal des *Nafs-e-ammara*, den Menschen zum Bösen hinzudrängen, was seiner Vervollkommnung und seinem moralischen Zustand entgegengesetzt ist. Es verführt ihn also, unschickliche und böse Wege zu begehen. Auf einer bestimmten Stufe seiner Entwicklung ist der Mensch zur Zügellosigkeit und zum Schlechten geneigt, ein Zustand, der seiner Natur nach

43

solange vorherrscht, bis der Mensch zu entwickelten Stufe des Moralischen übergeht. Dies entspricht dem ersten, natürlichen Zustand des Menschen, in welchem er verharrt, solange er nicht im Licht der wahren Weisheit und der Gotteserkenntnis wandelt, sondern bloß seinen natürlichen Neigungen wie Essen, Trinken, Schlafen, Erwachen, Zorn, Aufgeregtheit, Reizbarkeit usw. unbeherrscht folgt. – den Tieren gleich. Sobald er sich aber von der Herrschaft der triebhaften, tierischen Neigungen befreit und diese seine natürlichen Triebe im Zaume hält – und sie beherrscht, anstatt von ihnen beherrscht zu sein –, indem er sich vom Verstand und von der Gotteserkenntnis führen läßt, bleibt er nicht mehr in dem natürlichen Zustand befangen, sondern geht in den gehobenen Zustand der Moral über. Von da an hören diese drei Zustände – wie beschrieben – auf, Kategorien des natürlichen zu sein, sondern werden moralische Zustände genannt.

DIE ZWEITE QUELLE:
DAS SICH ANKLAGENDE SELBST

Die Quelle des moralischen Zustandes wird im Heiligen Qur-ân als *Nafs-e-lawwama,* oder das ›sich anklagende Selbst‹ (Gewissen) bezeichnet, wie es heißt:

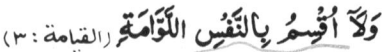

*»Nein! ich rufe zum Zeugen
die sich selbst anklagende Seele.«*
(75:3)

Das heißt: Ich schwöre im Namen des Gewissens, das sich tadelt (bei jeder Unterlassung der Pflicht oder bei der geringsten Übertretung der sittlichen Grenzen.)

Dieses *Nafs-e-lawwama* stellt die zweite Quelle des sittlich gehobenen Zustandes der Menschen dar, die den mora-

44

lischen Zustand zeugt. Auf dieser Stufe angelangt, befreit sich der Mensch von seinen tierischen Trieben. Das Schwören bei der ›sich-anklagenden-Seele‹ zeigt die Achtung, die man einer solchen Seele zollt, denn die Wandlung von dem unbeherrschbaren, ungehorsamen Trieb (*Nafs-e-ammara*) zum sich anklagenden Selbst (*Nafs-e-lawwama*) bedeutet zweifellos eine Besserung, die ihr das Wohlgefallen Gottes zusichert. *Lawwama* heißt ›der streng Rügende‹, und *Nafs-e-lawwama‹* heißt es darum, weil es dem Menschen jede schlechte Tat zum Vorwurf macht und die hemmungslose Befriedigung seiner körperlichen Begierden und die entfesselten Leidenschaften und tierischen Triebe aufs äußerste verwirft. Dieses Selbst will hingegen die edlen Eigenschaften und eine tugendhafte Disposition im Menschen erwecken und das Leben so umgestalten, daß der ganze Lebenslauf einer Mäßigung unterzogen werde, und sinnliche Triebe mit Hilfe des Verstandes geleitet werden. Deshalb heißt es *Nafs-e-lawwama*, weil es sich selbst seine schlechten Taten vorwirft, d.h. ›das sich stark Tadelnde, sich oft Rügende‹. Aber obschon der Mensch auf dieser Stufe die ausschließliche Befriedigung des Körperlichen nicht duldet und sich wegen seiner Fehler und Vergehen tadelt, so beherrscht er dennoch nicht gänzlich seine Leidenschaften, und es fehlt ihm an der Kraft, um einzig und allein in der Tugend zu leben. Er fällt gelegentlich den fleischlichen Trieben anheim, infolgedessen strauchelt er und stürzt. Seine Schwäche läßt sich wohl mit der eines Kleinkindes vergleichen, das sicher nicht fallen möchte, doch dessen Beine manchmal versagen. Der Mensch verharrt aber nicht in seinem Fehler, denn jeder Fehltritt macht ihn erneut reuig. Dieses ist der Zustand des Menschen, in dem er sich bemüht, die hohen moralischen Eigenschaften in sich zu vereinen und gegen die Versuchungen anzukämpfen. Er ist aber noch außerstande, sein Selbst vollständig zu beherrschen.

45

DIE DRITTE QUELLE:
DIE BERUHIGTE SEELE

Die dritte Stufe des Fortschritts des menschlichen Geistes ist der eigentliche Ursprung des geistigen Zustandes. Der Heilige Qur-ân benennt diese Stufe *Nafs-e-mutmainna*, d. h. ›die beruhigte Seele‹, wie es heißt:

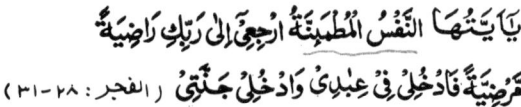

»[Doch] *du, o beruhigte Seele* [die du deinen Frieden in deinem Herrn gefunden hast], *kehre zurück zu deinem Herrn, befriedigt in [Seiner] Zufriedenheit d. h. indem Er dir gefällt und du Ihm gefällst. So tritt den ein unter Meine Diener und, tritt ein in Meinen Garten.*«
(89 : 28–31)

Auf dieser Stufe wird die Seele von allen Schwächen und Gebrechen befreit und mit geistiger Kraft ausgerüstet. Sie fühlt sich mit Gott so verbunden, als ob sie ohne Ihn nicht bestehen könnte. Wie Wasser gewaltig den Hang hinabströmt und wegen seiner großen Menge und wegen des Fehlens jeglicher Hindernisse mit einer unwiderstehlichen Macht niederstürzt, ebenso strömt nun die Seele, ungehindert und aller Fesseln ledig, ihrem Schöpfer zu.

Auf diesen Zustand beziehen sich die oben angeführten Worte. Der Vers ›Du, o beruhigte Seele, die du deinen Frieden in deinem Herrn gefunden hast, kehre zurück zu Ihm‹ besagt weiter, daß sich diese große Umwandlung in diesem Leben und nicht erst im Jenseits vollziehen soll, und daß die Seele ins Paradies schon hienieden und nicht erst im Jenseits eintreten darf. Ferner, da die Seele zurück zu ihrem Herrn (arabisch: *Rabb*, wörtlich ›Erhalter und Erzieher‹) gewiesen wird, ist es auch klar, daß eine solche Seele ihre Befriedigung nur im Herrn finden kann. Sie lebt von der Liebe Gottes, und sie labt sich mit vollen Zügen an diesem Quell des Lebens und ist deshalb unsterblich.

Derselbe Gedanke findet Ausdruck in einem andern Vers des Heiligen Qur-âns, wo Gott sagt:

$$\text{(} \text{١١-١٠ :}\text{الشمس} \text{)} \quad \text{قَدْ أَفْلَحَ مَنْ زَكَّٰهَا وَقَدْ خَابَ مَنْ دَسَّٰهَا}$$

»*Wer seine Seele* [vom Irdischen] *reinigt,*
der wird gerettet und wird nicht vernichtet.
Wer aber ungehemmt den fleischlichen Begierden folgt
und dadurch seine Seele in Verderbnis sinken läßt,
soll sicherlich keine Hoffnung mehr
auf ewiges Leben haben.« (91 : 10, 11)

Diese drei Zustände der menschlichen Seele können als die physischen, die moralischen und die geistigen Zustände bezeichnet werden. Der physische Zustand, nämlich der, in dem der Mensch die Befriedigung seiner sinnlichen Triebe sucht, ist der gefährlichste von allen dreien, besonders dann, wenn die Triebe ausschweifen. Denn gerade dann versetzen sie den moralischen und geistigen Zuständen des Menschen einen Todesstoß. Deshalb wurde im Heiligen Buch Gottes dieser nur physische Zustand als der Geist bezeichnet, der Böses gebietet.

Man kann fragen: Welches ist die Wirkung des Heiligen Qur-âns auf den natürlichen Zustand des Menschen? Welche Führung bietet der Qur-ân betreffs dieses Zustandes, und welchen Einschränkungen unterstellt er die natürlichen Begierden?

Die Antwort lautet, daß nach dem Qur-ân der physische Zustand des Menschen eng mit seinem moralischen und geistigen Zustand verknüpft ist. Sogar die Nahrung spielt eine große Rolle bei der moralischen und geistigen Entwicklung des Menschen. Richten sich daher die körperlichen Neigungen nach dem Gesetz Gottes, werden sie zu den moralischen und geistigen Eigenschaften des Menschen – denn was immer in eine Salzgrube fällt, wird mit der Zeit zu Salz – und werden tief auf den geistigen Zustand der Seele wirken. Aus diesem Grund wird im Heiligen Qur-ân bei jedem Gebet und bei jeder Andacht sowie bei allen Handlungen, die die moralische Läuterung und Besserung betreffen, die äußerliche Sauberkeit und Ordentlichkeit verlangt, verbunden mit Reinheit und Bescheidenheit im Innern. Auch wird Gewicht auf die richtige Haltung des Körpers gelegt. Diese Philosophie bewahrheitet sich bei einer sorgfältigen Betrachtung der äußeren Handlungen und ihres Einflusses auf die innere Natur des Menschen, denn der Zustand der körperlichen Organe wirkt auf unsere Seele. Auch erkünstelte Tränen betrüben das Herz, während Lachen, sei es auch nur künstlich herbeigeführt, unser Gemüt erfreut. In gleicher Weise erweckt das Sich-Niederwerfen (wie man es beim islamischen Gebet tut) in der Seele einen Zustand der Demut und veranlaßt sie, zum Herrn aufzublicken; während ein stolzer Gang mit hochgerecktem Hals und erhöhter Brust tatsächlich ein Ausdruck von Hochmut und Eitelkeit ist. Diese Beispiele versinnbildlichen die Wirkung der physischen Zustände auf die spirituellen Zustände.

Erfahrung zeigt ebenfalls, wie verschiedene Nahrung auf das Herz und das Gehirn wirkt, das heißt auf Verstand und Gemüt. Eine nähere Betrachtung zeigt zum Beispiel, daß es den Vegetariern an persönlichem Mut gebricht. Sie gehen der gottbescherten edlen Eigenschaft des hohen Mutes verlustig, weil sie die Fleischkost meiden. Die Pflanzenfresser besitzen nicht einen Teil des Mutes der Fleischfresser; dasselbe gilt bei den Vögeln. Es besteht somit kein Zweifel darüber, daß die Nahrung eine große Rolle bei der Charakterbildung spielt. Ebenso schadet uns die ausschließliche Fleischkost in nicht geringem Maße, denn wenn der Mensch sich der pflanzlichen Nahrung gänzlich enthält, gehen wertvolle Eigenschaften wie Sanftmut und Demut in ihm zugrunde. Diejenigen hingegen, die den Mittelweg einschlagen, genießen beide Vorteile, die des Mutes und die der Sanftmut. Demnach sagt Gott im Heiligen Qur-ân:

كُلُوْا وَاشْرَبُوْا وَلَا تُسْرِفُوْا (الاعراف : ٣٢)

»Esset und trinket, doch überschreitet das Maß nicht.«
(7 : 32)

Das heißt: Esset Fleisch sowie andere Speisen, ohne jedoch in irgendeiner Form der Nahrung zu übertreiben, und bewahret so den menschlichen Charakter und die Gesundheit vor Schaden. Wie das Körperliche das Seelische beeinflußt, so wird manchmal auch der Körper gleichfalls durch die Seele beeinflußt. Bei Kummer steigen uns Tränen in die Augen, und Freude veranlaßt uns zum Lachen. So besteht eine natürliche Beziehung zwischen unserem Körper und der Seele, und alle unsere Handlungen und Bewegungen, wie Essen, Trinken, Schlafen, Wachen, Gehen, Ruhen, Baden usw. bewirken notgedrungen einen entsprechenden Einfluß auf unsere geistige oder seelische Verfassung. Wenn eine bestimmte Stelle im Gehirn verletzt wird, verliert man sofort sein Erinnerungsvermögen, und die Verletzung eines anderen Teils führt zur Bewußtlosigkeit. Vergiftete, verseuchte Luft beeinträchtigt zunächst rasch den Körper, dann beeinflußt sie den Geist, und binnen weniger Stunden wird das ganze System, welches das Zentrum aller moralischen Regungen ist, in Mitleidenschaft gezogen, und das arme Opfer siecht dahin wie ein Irrsinniger. Somit beweisen die körperlichen Verletzungen hinreichend, daß eine geheimnisvolle Beziehung zwischen Körper und Seele besteht, deren Umfassung weit über das hinausgeht, was der Mensch begreifen kann.

Ein weiterer Beweis für dieses Thema: Eine nähere Betrachtung zeigt, daß der Körper auch die Mutter der Seele darstellt. Die Seele fällt nicht vom Himmel hernieder in den Mutterschoß, sondern sie ist ein Licht, das selbst im Samen verborgen ist und das sich mit der Entwicklung des Körpers entfaltet. Dem Heiligen Wort Gottes entnehmen wir, daß die Seele zugleich aus dem Körper wächst, während dieser sich im Mutterschoß weiterentwickelt. Der Heilige Qur-ân sagt:

ثُمَّ اَنْشَاْنَاهُ خَلْقًا اٰخَرَ فَتَبَارَكَ اللّٰهُ اَحْسَنُ الْخَالِقِيْنَ ‏﴿ المؤمنون : ١٥ ﴾

»Dann entwickeln Wir es zu einer anderen Schöpfung.
So sei denn Allah gepriesen, der beste Schöpfer.«
(23 : 15)

Das besagt, Gott verleiht dem Körper, der im Mutterschoß gedeiht, eine andere Gestalt und manifestiert daraus eine neue Schöpfung, die dann Seele heißt und voll der Segnungen ist; denn Gott ist der vortrefflichste Schöpfer, Der nicht Seinesgleichen hat.

Die Aussage, daß Gott eine neue Schöpfung daraus manifestiert, birgt ein großes Geheimnis und wirft Licht auf die Natur der Seele und deutet die starke Beziehung zwischen ihr und dem Körper an. Der Hinweis auf die Art des Bandes zwischen Körper und Seele führt uns zu anderen wichtigen Schlußfolgerungen. Er bedeutet, daß Worte, die man spricht, und Taten, die man begeht, demselben göttlichen Gesetz

untergeordnet sind, vorausgesetzt, daß sie (die Worte und
Taten) für die Sache Gottes und zu Seinem Ruhm gesprochen
und vollbracht werden, indem sie sich nach Seinem Befehl
richten. Das heißt, daß in allen äußeren, aufrichtigen Handlungen ein Geist verborgen ist, wie es der Fall ist bei dem
Samen des Menschen, und dieser verborgene Geist kommt
langsam zum Vorschein mit der Entwicklung der Handlungen. Wenn die vollkommene Verkörperung unserer Handlungen Gestalt gewinnt, dann leuchtet die Seele unserer Handlungen mit plötzlicher Helle und Herrlichkeit auf und macht
sich wahrnehmbar. So kann man daraus Lebensbewegungen
ersehen. Nach der vollkommenen Entwicklung des Körpers
unserer Taten erfolgt die Glut des inneren Lichts einem
Blitzstrahl gleich.

Der Heilige Qur-ân beschreibt diesen Zustand bildlich in
den folgenden Worten, indem er sich auf diese Stufe der
Entwicklung bezieht:

$$ فَاِذَا سَوَّيْتُهٗ وَنَفَخْتُ فِيْهِ مِنْ رُّوْحِىْ $$
$$ فَقَعُوْا لَهٗ سٰجِدِيْنَ (ا الحجر: ٣٠) $$

»*Wenn Ich sein Rahmenwerk vollendet* [und alle seine
Manifestationen der Herrlichkeit geordnet] *und
ihm von Meinem Geiste eingehaucht habe, dann fallet*
[ihr alle] *um seinetwillen dienend nieder.*«
(15 : 30)

Dieser Vers besagt das gleiche, nämlich daß dann, wenn das
Rahmenwerk der Handlungen vollendet ist, aus ihm eine
Seele hervorscheint, was der allmächtige Gott Sich Selbst
zuschreibt, insofern als das Rahmenwerk auf Kosten des
weltlichen Lebens vollendet wird. Somit scheint das göttliche
Licht, das am Anfang schwach war, plötzlich hervor, so daß
nach dem Wahrnehmen solcher Herrlichkeit Gottes es für

jeden unerläßlich wird, sich niederzuwerfen und von ihm (dem Licht) angezogen zu werden. Daher fällt jeder, der dieses Licht wahrnimmt, in Niederwerfung nieder und wird natürlicherweise von ihm angezogen, mit Ausnahme von *Iblis* (dem ›Geist des Bösen‹), der die Finsternis liebt.

Die Seele ist eine Schöpfung Gottes

Auf das Thema zurückkommend, möchte ich wiederholen, daß die Seele ein feines Licht ist, das sich mit dem Körper im Mutterleib entwickelt. Am Anfang ist dieses Licht verborgen und unsichtbar, obwohl seine Substanz schon im Samen enthalten ist –, dann aber wächst es mit dem Körper und wird offenbar. Es besteht kein Zweifel darüber, daß diese geheimnisvolle Beziehung zwischen Seele und Samen auf Gottes Geheiß und nach Seinem Willen und mit Seiner Erlaubnis besteht. Sie ist zweifelsohne die leuchtende Substanz des Samens, jedoch ist sie nicht ein Teil von ihm, wie eine Materie ein Teil der andern ist. Ebenso wäre es falsch anzunehmen, daß sie von außen kommt oder daß sie auf die Erde fällt und sich hernach mit der Substanz des Samens mischt. Nein, sie ist im Samen verborgen, wie das Feuer im Feuerstein. Das Heilige Buch Gottes vertritt nicht die Meinung, daß die Seele vom Himmel niederkommt, vom Körper getrennt, oder daß sie plötzlich auf die Erde fällt und in den Mutterschoß eindringt, indem sie sich zufälligerweise mit dem Samen verbindet. Nein, dieser Gedanke ist grundfalsch und läuft dem Naturgesetz zuwider. Wir beobachten jeden Tag Tausende von Insekten auf schmutzigen und verdorbenen Speisen, auf ungepflegten Wunden und Hunderte von Läusen in schmutziger Wäsche, selbst Würmer im Bauch des Menschen, die nicht von außen kommen oder etwa vom

Himmel herunterfallen. Wahrheit ist, daß die Seele aus dem Körper geschaffen wird und somit eine Schöpfung Gottes ist.

Der Seele zweite Geburt

Wir können daraus schließen, daß der Allmächtige Gott, Der aus Seiner vollkommenen Weisheit und Allmacht die Seele aus dem Körper geschaffen hat, auch will, daß ihre zweite Geburt ebenfalls durch den Körper manifestiert werde. Die Seele bewegt sich mit dem Körper, und wohin wir auch unseren Körper wenden, folgt ihm unweigerlich auch die Seele. Da der physische Zustand des menschlichen Lebens so wichtig ist, mußte sich das wahre Buch Gottes unbedingt mit den physischen Zuständen des Menschen befassen. Mithin hat der Heilige Qur-ân der Besserung der physischen Zustände des Menschen große Aufmerksamkeit geschenkt. Er hat die äußeren Handlungen des Menschen bis aufs Kleinste geregelt, wie zum Beispiel sein Lachen, Weinen, Essen, Trinken, Bekleiden, Schlafen, Sprechen, Schweigen, Heiraten, Unverheiratet sein, Gehen, Stehenbleiben, seine äußere Sauberkeit, sich einer Disziplin während Gesundheit und Krankheit zu fügen, usw.

Ebenso gibt der Heilige Qur-ân Anweisungen zur Beachtung gewisser Regeln für den Menschen im Zustand der Krankheit oder der guten Gesundheit. All das zeigt, wie äußere Ordnung und Reinlichkeit den inneren Zustand des Menschen beeinflussen.

Ginge ich auf die Einzelheiten dieser Anweisungen ausführlich ein, würde die mir zur Verfügung stehende Zeit dazu gar nicht ausreichen.

Der stufenweise Fortschritt des Menschen

Bei einem genauen Studium des Heiligen Wortes Gottes, namentlich seiner Anweisungen hinsichtlich der Besserung des physischen Zustandes des Menschen und seines stufenweisen Fortschritts von der Wildheit zur Zivilisation bis zur Erlangung des Gipfels des Geistigen, finde ich die folgende allweise Methode: In erster Linie hat es Gott gefallen, den Menschen von der Wildheit zu befreien, indem Er ihm die Anfangssitten des alltäglichen Verkehrs und des Gesellschaftslebens beibringt. So fängt Er bei der niedrigsten Stufe der Entwicklung des Menschen an und, nachdem Er ihn von den niederen Tieren unterschieden hat, lehrt Er ihn die primären Grundsätze, was als ›Sozialität‹ bezeichnet werden kann. Hierauf unternimmt Er die Verbesserung des schon erreichten Grades der elementaren Moralität, indem Er die Gewohnheiten des Menschen mäßigt. Auf diese Weise werden die niederen moralischen Eigenschaften in die hochwertigen verwandelt. Aber diese beiden Verfahren sind ein und dasselbe, da sie beide den physischen Zustand betreffen – nur sind sie verschieden im Grad. Der weise Schöpfer des Universums hat die Moralordnung so eingerichtet, daß man von einer niederen moralischen Stufe zu einer höheren übergehen kann.

Wir gehen nun zu der dritten Stufe des Fortschritts über, auf der man in der Liebe des wahren Schöpfers und in seinem Streben, Sein Wohlgefallen zu erlangen, sich gänzlich vergißt und sein ganzes Leben seinem Herrn weiht. Um die Muslime unablässig an diese Stufe zu erinnern, wurde ihre Religion *ISLAM* genannt, was bedeutet, daß man sich vollkommen Gott widmet, wie Gott, der Glorreiche, sagt:

بَلَىٰ مَنْ أَسْلَمَ وَجْهَهُ لِلّٰهِ وَهُوَ مُحْسِنٌ فَلَهُ

أَجْرُهُ عِنْدَ رَبِّهِ وَلَا خَوْفٌ عَلَيْهِمْ وَلَا هُمْ يَحْزَنُونَ
(البقرة: ١١٣)

قُلْ إِنَّ صَلَاتِي وَنُسُكِي وَمَحْيَايَ وَمَمَاتِي لِلَّهِ
رَبِّ الْعَالَمِينَ لَا شَرِيكَ لَهُ ۖ وَبِذَٰلِكَ أُمِرْتُ
وَأَنَا أَوَّلُ الْمُسْلِمِينَ (الأنعام: ١٧٣-١٧٤)

وَأَنَّ هَٰذَا صِرَاطِي مُسْتَقِيمًا فَاتَّبِعُوهُ وَلَا تَتَّبِعُوا
السُّبُلَ فَتَفَرَّقَ بِكُمْ عَنْ سَبِيلِهِ (الأنعام: ١٥٤)

قُلْ إِنْ كُنْتُمْ تُحِبُّونَ اللَّهَ فَاتَّبِعُونِي يُحْبِبْكُمُ اللَّهُ وَيَغْفِرْ
لَكُمْ ذُنُوبَكُمْ وَاللَّهُ غَفُورٌ رَحِيمٌ (آل عمران: ٣٢)

»Wahrlich, der wird Erlösung erlangen, der sein Leben
für die Sache Gottes opfert und sich Seinem Willen
unterwirft; der es nicht bloß bei guten Vorsätzen
bewenden lassen will, sondern seine Aufrichtigkeit
durch gute Taten beweist. Keine Furcht soll auf solche
kommen, noch sollen sie trauern.«
(2 : 113)

»Sprich: ›Mein Gebet und mein Opfer, mein Leben und
mein Tod sind für Gott, Dessen Fürsorge alles umfaßt.
Nichts und niemand ist Sein Nebenbuhler, und die
Schöpfung weist nicht Seinesgleichen auf. Dazu bin ich
befohlen worden, und ich bin der erste Muslim, d. h. der
dem Sinn des Islams gemäß handelt – der sein Selbst
dem Allmächtigen opfert‹.«
(6 : 163, 164)

»Dies ist mein Weg – der rechte Weg;
kommt daher und folgt meinem Weg,
und folgt keinem anderen ihm entgegengesetzten Weg,
sonst würdet ihr euch von Gott entfernen.«
(6 : 154)

»Sprich: ›Wenn ihr Gott liebt, so kommt her und folget
mir und geht auf meinem Weg, auf daß auch Gott euch
liebe und eure Sünden vergebe.
Er ist der Allverzeihende, der Barmherzige‹.«
(3 : 32)

Die Unterscheidung zwischen den natürlichen und den moralischen Zuständen und eine Widerlegung des Lehrsatzes von der Unverletzlichkeit jeglichen Lebens

Nun möchte ich die drei Zustände des menschlichen Lebens im Einzelnen behandeln. Zunächst sei daran erinnert, daß nach dem Heiligen Wort Gottes der physische Zustand des Menschen, dessen Quelle der ›zum Schlechten neigende Geist‹ (*Nafs-e-ammara*) ist, nicht sehr verschieden von seinem moralischen Zustand ist. Das Heilige Wort Gottes ordnet alle natürlichen Triebe des Menschen, seine fleischlichen Begierden und Leidenschaften, seinen physischen Zuständen zu. Es sind die gleichen natürlichen Zustände, die, wenn gewissenhaft geregelt und gemäßigt und bei passender Gelegenheit und richtigem Anlaß angewendet, sich in hohe, moralische Eigenschaften verwandeln.

Ähnlich verhält es sich mit den moralischen Zuständen, die nicht ganz verschieden von den geistigen Zuständen sind. Das moralische Bewußtsein des Menschen geht in das geistige über, nach dem totalen Aufgehen seines Ichs in Gott. Nach der vollkommenen Läuterung der Seele und dem völligen Abbruch der niederen Beziehungen, nach Vereinigung mit Gott, nach unerschütterlicher Pflichttreue gegenüber Gott, nach außergewöhnlicher Liebe zum Schöpfer, nach unübertrefflicher Gemütsruhe und nach vollkommener Gottergebenheit. Der Mensch verdient kein Lob, solange seine physischen, natürlichen Zustände sich nicht in die moralischen verwandeln, denn sie sind bei Mensch und Tier, ja selbst bei Festkörpern gemeinsam. Auch können moralische Eigenschaften allein das geistige Leben im Menschen nicht herbeiführen. Sogar ein Atheist kann gute moralische Charakterzüge aufweisen, wie Sanftmut, Liebe zum Frieden, den Hang, das Böse zu vermeiden und den Übeltaten entgegenzutreten. All dies sind natürliche Eigenschaften, die auch ein gewöhnlicher, unwürdiger Mensch besitzen kann, dem die wahre Quelle der Erlösung gänzlich unbekannt ist, und der keinen Anteil an ihr hat. Viele Tiere sind gutartig. Durch Zähmung werden sie sehr friedlich, und, straft man sie, widersetzen sie sich nicht. Trotzdem können wir sie nicht ›moralisch hochstehend‹ nennen, geschweige denn ›Menschen‹. Auch können Menschen, obwohl sie im schlimmsten Unglauben verharren und selbst in den schwärzesten Taten befangen sind, diese guten Eigenschaften besitzen. Es ist möglich, daß der Mensch sein Mitgefühl soweit übertreibt, daß er die Würmer in seinen Wunden schonen möchte, und, aus übertriebener Liebe zum Leben, selbst die Läuse in seinem Haar, die Maden in seinem Magen, seinen Eingeweiden oder in seinem Gehirn nicht töten lassen möchte. Ich nehme an, daß ihn die Liebe zu Tieren dazu veranlassen kann, dem Genuß von Honig und Moschus zu entsagen, da die Beschaffung des ersteren die Folge der Zerstörung und Vertreibung der armen Bienen ist, und der letztere das Blut eines armen Tieres ist, und die Tötung des Wildes und dessen Trennung von seinen Jungen erfordert. Ich leugne nicht, daß es Leute derartig mitleidiger Stimmung geben kann, die das Tragen von Perlen und Seide vermeiden, weil für beides die Raupen bzw. die Muscheltiere sterben mußten. Ich verstehe auch, daß es solche Weichherzigen geben kann, die bei Schmerzen sich keine Blutegeln ansetzen lassen – sie würden eher selbst leiden, anstatt dem armen Tierchen das Leben zu nehmen. Es ist möglich, daß einer seine Weichherzigkeit soweit treibt, daß er sich weigert, Wasser zu trinken, und will sich eher selbst töten, damit die Mikroben im Wasser ja nicht getötet werden.

All dies kann ich mir vorstellen, aber ich kann niemals solche Übertreibungen, die schließlich den natürlichen physischen Zustand ausmachen, als moralische Eigenschaften betrachten, noch annehmen, daß dieser Zustand allein den Menschen von den inneren Unreinheiten befreien kann, welche ein Hindernis sind, die wahre Gotteserkenntnis zu erlangen. Solche Harm- und Arglosigkeit, die selbst manche Tiere und Vögel in größerem Maße besitzen als der Mensch, kann seine hohe Vervollkommnung nicht verbürgen. Ein solches Verhalten hieße, den Naturgesetzen zuwiderhandeln. Es ließe sich nicht mit der hohen moralischen Eigenschaft vereinbaren, die Erlangung Gottes Wohlgefallens zu suchen, und es würde bedeuten, die Fähigkeiten und die Gaben, die die Natur uns beschert hat, zu verleugnen. Wir können die geistige Vollkommnung nicht erlangen, ehe wir nicht die mannigfachen Fähigkeiten bei passender Gelegenheit richtig anwenden, und ehe wir nicht den Weg, den Gott uns führt, mit Standhaftigkeit begehen und dabei zeigen, daß wir uns dem Willen Gottes vollständig unterworfen haben. Wer wirklich zu Gott gehört, kann ohne Ihn nicht leben. Der Gotteserkenner gleicht einem Fisch, den Gott mit Eigener Hand schlachtet; und die Liebe zu Gott ist das Meer, in dem dieser Fisch lebt.

Drei Stufen der Besserung

Zum eigentlichen Thema zurückkommend: wie ich schon ausgeführt habe, entstammt die dreifache Natur des Menschen drei Quellen, nämlich *Nafs-e-ammara, Nafs-e-lawwama* und *Nafs-e-mutmainna*, d. h. die ›ungehorsame Seele‹, die ›sich-tadelnde Seele‹ und die ›beruhigte Seele‹. Demzufolge gibt es, den drei Quellen entsprechend, drei Stufen der Besserung.

Auf der ersten Stufe handelt es sich um die unwissenden Wilden, denen man die elementaren sozialen Werte in bezug auf Essen, Trinken, Heiraten usw. beibringt und sie dadurch zu der Stufe der zivilisierten Menschen emporhebt. Der erste Schritt umfaßt daher ihre primäre Erziehung – sie daran zu gewöhnen, daß sie weder nackt umhergehen, noch wie Hunde Leichen essen, noch sich andere Zügellosigkeiten zuschulden kommen lassen. Dies ist die niedrigste Stufe der Besserung des wilden Zustandes des Menschen. Wenn wir solche Menschen zu humanisieren versuchen, auf die noch kein Strahl der Zivilisation gefallen ist, wie etwa die Wilden von Port Blair, müssen wir sie vor allem auf diese Stufe bringen und ihnen dann die elementar-moralischen Eigenschaften beibringen.

Die zweite Stufe der Besserung verwirklicht sich darin, daß wir den Wilden, nachdem er den elementaren Anstand betreffs des Gesellschaftslebens erlernt hat, die hohen und trefflichen moralischen Eigenschaften des Menschen lehren, sowie den richtigen Gebrauch seiner eigenen Fähigkeiten und all dessen, was darunter noch verborgen liegt.

Die dritte Stufe der Besserung: Jene, die eine erhabene

59

Gesittung erworben und die hohen moralischen Eigenschaften in sich erweckt haben – nachdem sie auch die äußerliche, wenn auch nur trockene Vollkommenheit ihrer Tugend erlangt haben –, diese sollte man nun den Vorgeschmack der Liebe zu Gott und der Begegnung mit Ihm kosten lassen. Das sind die vom Heiligen Qur-ân erwähnten drei Stufen der Besserung.

Unser Meister, der Heilige Prophet – Gottes Friede und Segnungen seien auf ihm! – wurde zu einer Zeit erweckt, in der die Welt gänzlich verderbt war, wie der allmächtige Gott sagt:

ظَهَرَ الْفَسَادُ فِى الْبَرِّ وَالْبَحْرِ (الرومٌ : ٤٢)

»Verderbnis ist gekommen über Land und Meer.«
(30 : 42)

Dieser allegorische Ausdruck bedeutet, daß *Ahl-e-kitab*, das ›Volk, das von Gott die Schriften erhalten hat‹, verdorben war, ganz wie diejenigen, die sich nie am Quell der Offenbarung erlabt hatten. Die Aufgabedes Qur-âns war eigentlich, die Toten zu erwecken, wie er sagt:

إِعْلَمُوۤا أَنَّ اللهَ يُحْيِ الْأَرْضَ بَعْدَ مَوْتِهَا (الحديد: ١٨)

»Wisset, daß Allah jetzt die Erde wieder beleben wird, nachdem sie tot war.«
(57 : 18)

Zu jener Zeit herrschte dichte Finsternis und Wildheit in Arabien. Man beachtete keine sozialen Gesetze, und die scheußlichsten Taten beging man mit Stolz. Ein Mann konnte eine unbegrenzte Zahl Frauen ehelichen, und alles Verbotene wurde als Erlaubtes betrachtet. Sogar die eigene Mutter wurde erlaubterweise zur Frau genommen. Das war der Grund, warum der Allmächtige verordnen mußte:

$$حُرِّمَتْ عَلَيْكُمْ أُمَّهَٰتُكُمْ (النساء: ٢٣)$$

»Verboten sind euch eure Mütter.«
(4 : 24)

Ebenfalls scheuten sie sich nicht, Aas zu essen, und Menschenfresserei war ihnen ebenfalls nicht unbekannt. Keine Sünde gab es, die sie nicht begingen. Die meisten glaubten nicht an ein Leben nach dem Tode, und viele waren sogar Atheisten. Manche pflegten ihre Töchter eigenhändig zu töten; sie mordeten Waisen, um sie deren Vermögens zu berauben. Dem Aussehen nach waren sie wie Menschen, aber in Wirklichkeit fehlte ihnen jedes Schamgefühl, jede Ehrbarkeit und jede Selbstachtung. Sie tranken Wein wie Wasser. Hurerei galt als höchstes Kennzeichen von Ansehen im Volk. Unwissenheit herrschte so sehr, daß die benachbarten Völker sie ›Ummi‹, d. h. ›die Analphabeten‹, nannten.

So waren die Zeiten, in denen unser Meister und Lehrer, der Heilige Prophet Mohammad – der Friede Gottes sei mit ihm – in Mekka zur Reformierung dieser Menschen auftrat. Die dreifache Besserung, die ich oben erwähnt habe, war für solche Zeiten bestimmt. Aus diesem Grunde nimmt der Heilige Qur-ân für sich in Anspruch, ein vollkommenerer und vollendeterer Wegweiser für die ganze Menschheit zu sein als alle anderen Bücher. Denn allein ihm war es möglich, eine vollkommene Reformation der Menschheit zustande-

zubringen, diese Gelegenheit war den andern Büchern nicht
geboten. Der Qur-ân hatte eine großartige Aufgabe: die Wilden als Menschen zu zivilisieren, sie dann die Moral zu
lehren und schließlich die moralischen Menschen auf den
höchsten Gipfel der Entwicklung zu leiten und sie zu gottnahen Menschen zu machen. Darum umfaßt der Qur-ân die
Weisungen für die dreifache Vervollkommnung.

Der Qur-ân bezweckt die dreifache Besserung:

DIE NATÜRLICHEN VERANLAGUNGEN
WERDEN DURCH RICHTIGE EINSTELLUNG
ZU MORALISCHEN EIGENSCHAFTEN

Bevor ich auf eine ausführliche Darlegung der erwähnten
dreifachen Besserung des Menschen eingehe, möchte ich
darauf hinweisen, daß der Qur-ân keine Lehrsätze enthält,
die man unter Zwang annehmen muß. Das einzige Ziel und
der Kern seiner Lehren ist die dreistufige Besserung des
Menschen, und alle übrigen Gebote dienen nur als Mittel zur
Erreichung dieser Stufen der Besserung. So wie bei körperlichen Leiden der Arzt je nach Notwendigkeit erkennt, entweder zu sezieren und zu operieren, oder Salben für eine Wunde
anzuwenden, so sehen die Lehren des Qur-âns – ausgerichtet
auf das Wohlergehen des Menschen – ebenfalls solche Maßnahmen vor. Die Moral-Anweisungen, Vorschriften und
Lehrsätze des Qur-âns haben den allumfassenden Zweck,
den Menschen vom natürlichen, physischen Zustand, der
einen Anstrich von Wildheit hat, in den moralischen Zustand
zu versetzen, und ihn dann aus dem Moralischen in den
uferlosen Ozean des Geistigen zu lenken.

Ich habe bereits angemerkt, daß der physische Zustand
vom moralischen Zustand nicht verschieden ist. Die physi-

schen Zustände, soweit gemäßigt und zur richtigen Zeit und
bei passender Gelegenheit durch Verstand geleitet, nehmen
die Form der moralischen Zustände an. Bevor sie aber von
Verstand und Gewissen geleitet sind, gelten sie in Wirklichkeit nicht als moralische Zustände, auch wenn sie ihnen
stark ähneln; vielmehr sind sie natürliche und unwillkürliche
Regungen. Zum Beispiel kann die Liebe und Lenksamkeit,
die ein Hund oder ein Lamm oder irgendein Haustier gegenüber dem Meister bekunden, nicht als Höflichkeit oder moralisch gutes Benehmen bezeichnet werden; ebensowenig
kann die Wildheit und Blutgier eines Wolfes oder eines Löwen als Rohheit oder schlechtes Benehmen bezeichnet werden. Vielmehr entspringt – wie bereits erwähnt – die Moral
einer zur richtigen Zeit und bei passender Gelegenheit vollzo-
genen Überlegung. Wer seine Handlungen nicht durch seine
Vernunft lenkt, gleicht dem Säugling, dessen Verstand sich
noch nicht voll entwickelt hat, oder dem Wahnsinnigen, der
seinen Verstand verloren hat. Die Handlungen eines Kindes
oder eines Wahnsinnigen scheinen manchmal moralisch zu
sein, doch kein vernünftiger Mensch gibt diesem Verhalten
den Namen ›moralisch‹, da diese Handlungen nicht der Ur-
teilskraft und der Angemessenheit entstammen, sondern eine natürliche Reaktion darstellen auf die gegebenen Umstände. Wie zum Beispiel ein Menschenkind sofort nach der
Geburt die Brust seiner Mutter sucht, und ein Küken, sobald
es aus dem Ei kriecht, mit seinem Schnabel die Nahrung
aufzupicken beginnt, ähnlich beerbt der junge Blutegel die
Gewohnheit der alten Blutegel und die junge Schlange oder
ein Löwenjunges die Gewohnheiten und Anlagen seiner
Gattung. Ein Menschenkind birgt, sobald es auf die Welt
kommt, die Eigentümlichkeiten des Menschengeschlechtes.
Seine natürlichen Gewohnheiten entwickeln und verstärken
sich mit seinem Wachstum. Es schreit lauter, und sein Lä-
cheln nimmt die Form des Lachens an. Mit der Zeit wird sein

Blick konzentrierter. Im Alter von einem Jahr oder 18 Monaten entwickelt das Kind eine weitere, natürliche Gewohnheit: Es drückt sein Gefallen oder Mißfallen durch Bewegungen aus; manchmal will es jemandem einen Schlag versetzen oder etwas hinreichen. Alle diese Bewegungen sind aber eher natürliche Impulse als das Ergebnis der Verstandesübung. Ähnlich verhält es sich mit dem Wilden, der wenig Menschenverstand mitbekommen hat, und der, gleich einem Kinde, durch seine Worte, Handlungen und Bewegungen bloß natürlichen Impulsen folgt. Er ist den Regungen seiner Natur untertan, und alle seine Handlungen entspringen seinem Instinkt. Nichts, was er tut, ist der Überlegung zu verdanken, sondern sein innerer Instinkt nimmt eine Wendung auch nach außen, entsprechend den äußeren Anregungen und Anreizen. Es ist möglich, daß seine natürlichen Impulse, die eine Reaktion auf einen äußeren Anreiz sind, nicht alle schlecht sind; einige können auch der guten Moral ähnlich sein, doch sind sie in Wirklichkeit nicht die Folge verstandesmäßiger Überlegung oder gründlicher Betrachtung. Selbst wenn die Handlungen einigermaßen von Überlegung motiviert sein sollten, wären sie wegen der vorherrschenden instinktiven Regungen nicht zuverlässig.

Wahre Moral

Kurz, wir können die Handlungen eines Wesens, das von seinen natürlichen Leidenschaften so beherrscht ist wie wilde Tiere, Kinder oder Irre, nicht als moralische ansehen. Die erste Stufe eines moralischen Wesens, dessen Taten als moralisch gut oder moralisch schlecht bezeichnet werden können, ist die, auf der der Verstand herangereift und der Mensch fähig ist, zwischen Gut und Böse zu unterscheiden und den graduellen Unterschied zwischen zwei guten oder zwei bösen Handlungen zu erkennen. Erst dann bedauert man die Unterlassung einer guten Tat oder zeigt Reue und Zerknirschung, nachdem man eine schlechte Tat begangen hat. Dies ist die zweite Stufe des menschlichen Lebens, die der Heilige Qur-ân als *Nafs-e-lawwama*, oder das ›sich-tadelnde Selbst‹, bezeichnet. Aber man muß sich gegenwärtig halten, daß für den Wilden bloß gelegentliche Ermahnungen nicht genügen, um diese Stufe des ›sich selbst tadelnden‹ Geistes zu erreichen. Vielmehr ist es notwendig, daß der Mensch soviel Gotteserkenntnis gewinnt, daß er seine Erschaffung nicht als zwecklos erachtet, so daß diese Gotteserkenntnis allein ihn zu wahrhaft moralischen Taten zu führen vermag. Dies ist der Grund, warum der Allmächtige Gott im Qur-ân neben den Ermahnungen und Warnungen auch die Notwendigkeit der wahren Gotteserkenntnis einprägt.

Der Qur-ân versichert uns, daß jede gute oder jede schlechte Tat und Handlung Früchte zeitigt, indem sie seelische Wonne oder Qual in diesem Leben verursacht, wobei die Folgen dieser Taten im Jenseits noch deutlicher werden. Kurz, wenn der Mensch diese Stufe des Fortschritts erreicht, die wir ›sich-tadelnde Seele‹ nennen, so sind seine Vernunft, seine Erkenntnisse und sein gutes Gewissen soweit fortgeschritten, daß nach jeder schlechten Tat ihn ein Gefühl des Vorwurfs überkommt, und er sehr beflissen ist, Gutes zu tun. Dies ist die Stufe, auf der der Mensch hohe moralische Eigenschaften erwirbt.

Der Unterschied zwischen ›Khalq‹ (Schöpfung) und ›Khulq‹ (Moral)

Es ist angebracht, hier den Begriff der arabischen Wörter *Khulq* (Moral) und *Khalq* (Schöpfung) näher zu bestimmen. Es sind dies zwei sich ähnelnde Wörter, der äußere Unterschied liegt nur im Vokalzeichen. Eines heißt *Khalq*, was sich auf körperliche Geburt bezieht, während das andere – *Khulq* – die innere Geburt oder die angeborenen Fähigkeiten darstellt. Da die Vervollkommnung der inneren Geburt durch die moralische Vollkommenheit und nicht allein durch die natürlichen Triebe des Menschen erreicht wird, steht *Khalq* für die natürlichen Triebe. Hier mag eine volkstümliche falsche Anschauung richtiggestellt werden, nämlich, daß allein Nachsicht, Sanftmut und Demut die Eigenschaften seien, die die gute Moral bildeten. In Wahrheit verhält es sich so, daß jedem äußeren Glied oder jeder äußeren Handlung entsprechend im Menschen eine angeborene Eigenschaft innewohnt, und diese verschiedenen Eigenschaften werden Moral genannt. Zum Beispiel beim Weinen ist der äußerliche Ausdruck das Fließen der Tränen aus den Augen, während diesem äußeren Zustand entsprechend der innere Zustand der Seele Weichheit genannt wird, welche das Herz zum Schmelzen bringt. Nur diese Eigenschaften, wenn durch die Vernunft am richtigen Platz angewendet, werden als moralische bezeichnet.

Gleicherweise braucht man seine Hände zur Verteidigung, wenn man seinem Feind begegnet. Der äußeren Handlung entsprechend, wohnt dem Menschen eine Eigenart inne, die wir Mut nennen, und die, wenn richtig und bei passender Gelegenheit angewendet, wiederum zur Moral gehört. Will der Mensch die Bedrückten von einem Tyrannen befreien oder für Bedürftige und Hungrige sorgen oder seinen

Mitmenschen in sonsteiner Weise dienen, entspringen alle diese Handlungen der angeborenen Eigenschaft, die wir als Mitleid kennen. Manchmal auferlegt man dem Fehlbaren eine Strafe – die Quelle dieser äußerlichen Handlung bildet eine im Inneren des Menschen wohnende Eigenschaft, Vergeltungstrieb genannt. Wenn der Angegriffene davon absieht, sich zu verteidigen, indem er dem Bösen nicht widersteht, sondern dem Gegner verzeiht, so ist dieses Erdulden den Eigenschaften der Geduld und der Vergebung entsprungen. Oft werden Hände, Füße, Intellekt oder Vermögen eingesetzt, um das Wohlergehen der Mitmenschen willen, und der entsprechende innere Trieb heißt in diesem Fall Güte. Alle diese Fähigkeiten, wenn richtig und bei passender Gelegenheit angewendet, heißen ›moralische Eigenschaften‹.

Der allmächtige Gott richtet das Wort an den Heiligen Propheten Mohammad – Friede sei mit ihm! – und sagt:

إِنَّكَ لَعَلَى خُلُقٍ عَظِيمٍ (القلم، ٥)

»Du besitzest ganz sicherlich hohe moralische Eigenschaften.«
(68 : 5)

Nach der oben ausgeführten Erläuterung heißt dies in bezug auf den Propheten, daß er in seiner Person alle Eigenschaften hoher Moral vereinigt, wie zum Beispiel Großzügigkeit, Mut, Gerechtigkeit, Güte, Wahrhaftigkeit, Großmut und so weiter.

Kurz, alle Eigenschaften, die dem Menschen innewohnen – Höflichkeit, Bescheidenheit, Redlichkeit, Großzügigkeit, Eifer, Standhaftigkeit, Keuschheit, Frömmigkeit, Mäßigkeit, Mitleid oder Erbarmen, Tapferkeit, Großmut, Vergebung, Geduld, Güte, Wahrhaftigkeit, Treue – alle diese sind natürliche, physische Zustände, werden aber bei richtiger Anwendung – durch Vernunft und Überlegung geleitet – ›moralische Zustände‹ genannt. Sie alle stellen eigentlich die natürlichen Neigungen und die körperlichen Triebe des Menschen dar, und sie gewinnen den Namen der Moral erst dann, wenn man sie mit Absicht und bei angemessener Gelegenheit bekundet.

Das Suchen nach Fortschritt ist eines der natürlichen Merkmale des Menschen; daher wandeln sich durch die Befolgung der wahren Religion, durch gute Gesellschaft und durch tugendhafte Ermahnungen die körperlichen Triebe in Moral um. Kein anderes Lebewesen weist neben dem Menschen dieses Merkmal auf.

Die erste Stufe der Besserung:
Die physischen Zustände

Nun wenden wir uns der Lehre des Qur-âns zu, hinsichtlich der ersten Stufe der dreifachen Besserung des natürlichen Zustandes des Menschen. Es handelt sich um den allerersten Grad in der Zivilisierung des Menschen, und dieser Grad stellt den bekannten Teil der Moral dar, *Adab*, oder Anstand und Manieren genannt. Es sind dies die Gesetze und Vorschriften, die die natürlichen Triebe der Wilden, wie Essen, Trinken, Heiraten usw., regeln und mäßigen und aus den Wilden zivilisierte Wesen machen. Gott sagt im Heiligen Qur-ân über diese Anstandsregeln die Heirat betreffend folgendes:

حُرِّمَتْ عَلَيْكُمْ أُمَّهَٰتُكُمْ وَبَنَاتُكُمْ وَأَخَوَٰتُكُمْ وَ
عَمَّٰتُكُمْ وَخَٰلَٰتُكُمْ وَبَنَٰتُ الْأَخِ وَبَنَٰتُ الْأُخْتِ وَ

أُمَّهَٰتُكُمُ الَّٰتِىٓ أَرْضَعْنَكُمْ وَأَخَوَٰتُكُم مِّنَ الرَّضَٰعَةِ
وَأُمَّهَٰتُ نِسَآئِكُمْ وَرَبَٰٓئِبُكُمُ الَّٰتِى فِى حُجُورِكُم
مِّن نِّسَآئِكُمُ الَّٰتِى دَخَلْتُم بِهِنَّ فَإِن لَّمْ تَكُونُوا۟
دَخَلْتُم بِهِنَّ فَلَا جُنَاحَ عَلَيْكُمْ وَحَلَٰٓئِلُ أَبْنَآئِكُمُ
الَّذِينَ مِنْ أَصْلَٰبِكُمْ وَأَن تَجْمَعُوا۟ بَيْنَ الْأُخْتَيْنِ
إِلَّا مَا قَدْ سَلَفَ (النِّسَاء: ٢٤) لَا يَحِلُّ
لَكُمْ أَن تَرِثُوا۟ النِّسَآءَ كَرْهًا (النِّسَاء: ٣٠)

وَلَا تَنكِحُوا۟ مَا نَكَحَ أَبَآؤُكُم مِّنَ النِّسَآءِ إِلَّا مَا
قَدْ سَلَفَ (النِّسَاء: ٢٣)

الْيَوْمَ أُحِلَّ لَكُمُ الطَّيِّبَٰتُ . . . . . . وَالْمُحْصَنَٰتُ
مِنَ الْمُؤْمِنَٰتِ وَالْمُحْصَنَٰتُ مِنَ الَّذِينَ أُوتُوا۟
الْكِتَٰبَ مِن قَبْلِكُمْ إِذَآ ءَاتَيْتُمُوهُنَّ أُجُورَهُنَّ مُحْصِنِينَ
غَيْرَ مُسَٰفِحِينَ وَلَا مُتَّخِذِىٓ أَخْدَانٍ (المائدة: ٦)

»Verboten sind euch eure Mütter und eure Töchter und
eure Schwestern, eures Vaters Schwestern und eurer
Mutter Schwestern, die Brudertöchter und die Schwe-
stertöchter, eure Nährmütter, die euch gesäugt, eure
Milchschwestern, und die Mütter eurer Frauen und
eure Stieftöchter – die in eurem Schutze sind – von
euren Frauen, denen ihr schon beigewohnt; doch wenn
ihr ihnen noch nicht beigewohnt habt, dann soll's euch
keine Sünde sein. Ferner die Frauen eurer Söhne, die
von euren Lenden sind; auch daß ihr zwei Schwestern
gleichzeitig habt, außer das sei bereits geschehen.«

(4 : 24)

69

*»Es ist euch nicht erlaubt, Frauen gegen [ihren] Willen
zu beerben.«* (4:20)

*»Und heiratet nicht solche Frauen, die eure Väter gehei-
ratet hatten, außer das sei bereits geschehen.«* (4:23)

*»[Erlaubt sind euch] keusche Frauen der Gläubigen
und keusche Frauen derer, denen vor euch die Schrift
gegeben wurde, wenn ihr ihnen ihre Morgengabe gebt,
nur in richtiger Ehe und nicht in Unzucht, und nicht daß
ihr heimlich Buhlweiber nehmt.«* (5:6)

Es herrschte eine Sitte unter manchen Unwissenden Ara-
biens, nach der eine Frau, die kein Kind von ihrem Manne
hatte, zu einem anderen ging, um ein Kind zu bekommen.
Der Heilige Qur-ân verbot diese wilde Sitte, die *Musafahat*
genannt wird (d. h. ›heimlich Liebhaber nehmen‹).

Weiter heißt es:

وَلَا تَقْتُلُوٓا أَنفُسَكُمْ (النسآء : ٣٠)

وَلَا تَقْتُلُوٓا أَوْلَادَكُم (الانعام : ١٥٢)

لَا تَدْخُلُوا بُيُوتًا غَيْرَ بُيُوتِكُمْ حَتَّى تَسْتَأْنِسُوا
وَتُسَلِّمُوا عَلَىٰٓ أَهْلِهَا . . . .
فَإِن لَّمْ تَجِدُوا فِيهَآ أَحَدًا فَلَا تَدْخُلُوهَا حَتَّىٰ
يُؤْذَنَ لَكُمْ ۖ وَإِن قِيلَ لَكُمُ ارْجِعُوا فَارْجِعُوا ۖ
هُوَ أَزْكَىٰ لَكُمْ (النور : ٢٨ ـ ٢٩)

وَأْتُوا الْبُيُوتَ مِنْ أَبْوَابِهَا (البقرة : ١٩٠)

وَإِذَا حُيِّيتُم بِتَحِيَّةٍ فَحَيُّوا بِأَحْسَنَ مِنْهَآ أَوْ رُدُّوهَا
(النسآء : ٨٧)

70

إِنَّمَا الْخَمْرُ وَالْمَيْسِرُ وَالْأَنْصَابُ وَالْأَزْلَامُ رِجْسٌ مِنْ عَمَلِ الشَّيْطَانِ فَاجْتَنِبُوهُ لَعَلَّكُمْ تُفْلِحُونَ (المائدة: ٩١)

حُرِّمَتْ عَلَيْكُمُ الْمَيْتَةُ وَالدَّمُ وَلَحْمُ الْخِنْزِيرِ وَمَا أُهِلَّ لِغَيْرِ اللهِ بِهِ وَالْمُنْخَنِقَةُ وَالْمَوْقُوذَةُ وَالْمُتَرَدِّيَةُ وَالنَّطِيحَةُ وَمَا أَكَلَ السَّبُعُ إِلَّا مَا ذَكَّيْتُمْ وَمَا ذُبِحَ عَلَى النُّصُبِ (المائدة: ٣)

يَسْأَلُونَكَ مَاذَا أُحِلَّ لَهُمْ قُلْ أُحِلَّ لَكُمُ الطَّيِّبَاتُ (المائدة: ٥)

إِذَا قِيلَ لَكُمْ تَفَسَّحُوا فِي الْمَجَالِسِ فَافْسَحُوا يَفْسَحِ اللهُ لَكُمْ وَإِذَا قِيلَ انْشُزُوا فَانْشُزُوا (المجادلة: ١١)

كُلُوا وَاشْرَبُوا وَلَا تُسْرِفُوا (الأعراف: ٣١)

وَقُولُوا قَوْلًا سَدِيدًا (الأحزاب: ٧٠)

وَثِيَابَكَ فَطَهِّرْ وَالرُّجْزَ فَاهْجُرْ (المدثر: ٤-٥)

وَاقْصِدْ فِي مَشْيِكَ وَاغْضُضْ مِنْ صَوْتِكَ (لقمان: ١٩)

وَتَزَوَّدُوا فَإِنَّ خَيْرَ الزَّادِ التَّقْوَى (البقرة: ١٩٧)

وَإِنْ كُنْتُمْ جُنُبًا فَاطَّهَّرُوا (المائدة: ٦)

وَفِي أَمْوَالِهِمْ حَقٌّ لِلسَّائِلِ وَالْمَحْرُومِ (الذاريات: ٢٠)

وَإِنْ خِفْتُمْ أَلَّا تُقْسِطُوا فِي الْيَتَامَى فَانْكِحُوا مَا طَابَ لَكُمْ مِنَ النِّسَاءِ مَثْنَى وَثُلَاثَ وَرُبَاعَ فَإِنْ خِفْتُمْ أَلَّا تَعْدِلُوا فَوَاحِدَةً أَوْ مَا مَلَكَتْ أَيْمَانُكُمْ ذَلِكَ أَدْنَى أَلَّا تَعُولُوا

وَآتُوا النِّسَاءَ صَدُقَٰتِهِنَّ نِحْلَةً (النِّسَآء: ٤: ٥)

»Tötet euch nicht selber.« (4:3)

»Und ihr sollt eure Kinder nicht töten.« (6:152)

»Betretet nicht ohne weiteres andere Häuser als die euren, bevor ihr um Erlaubnis gebeten habt – das ist die Bedingung. Und wenn ihr sie betretet, grüßt die Bewohner mit den Worten: ›Friede sei mit euch!‹.« (24:28)

»Und wenn zu euch gesprochen wird: ›Kehret um‹, dann kehret um.« (24:29)

»Und ihr sollt Häuser betreten durch ihre Türen und nicht etwa über die Mauern.« (2:190)

»Und wenn ihr mit einem Glückwunsch gegrüßt werdet, so grüßet mit einem schöneren wieder.« (4:87)

»Wein, Glücksspiel, Götzenbilder und Lospfeile sind ein Greuel, ein Werk Satans. So meidet sie allesamt.« (5:91)

»Verboten ist euch das Fleisch eines Tieres, das von selbst verendet ist, sowie Blut und Schweinefleisch; ferner das, worüber ein anderer Name angerufen ward als Allahs; das Erdrosselte; das, was zu Tode geschlagen wurde; das zu Tode Gestürzte oder Gestoßene, und das, was ein reißendes Tier angefressen hat, und das, was auf einem Altar als Götzenopfer geschlachtet worden ist.« (5:4)

»Und wenn sie dich fragen, was ihnen denn erlaubt sei, sprich: ›Alle guten Dinge sind euch erlaubt‹.« (5:5)

»Nur nicht das, was von selbst verendet ist, oder unrein ist oder einem solchen gleicht.«

»Wenn zu euch gesprochen wird: ›Macht Platz‹ [für andere] in Versammlungen, dann macht Platz ... und wenn gesprochen wird: ›Erhebt euch!‹, dann erhebt euch, ohne nach Wie und Warum zu fragen.« (58:12)

72

»Esset und trinket alles, was rein und bekömmlich ist, wie Fleisch, Gemüse, Linsen, doch überschreitet das Maß nicht.« (7:32)

»Beschäftigt euch nicht mit eitlem Klatsch, sondern redet das, was sich gehört.« (33:71)

»Haltet eure Kleider und alles, was euch gehört, sauber – das heißt euren Körper, eure Wohnstätte, die Straße und jeden Raum, den ihr benutzt. Nehmt oft Bad oder Dusche, und macht es zur Gewohnheit, eure Wohnungen sauber zu halten.« (74:5, 6)

»Dämpfe deine Stimme, das heißt weder zu laut noch zu leise reden, es sei denn, wenn es nötig ist. Und wandle gemessenen Schrittes, das heißt weder zu schnell noch zu langsam gehen.« (31:20)

»Wenn ihr euch auf eine Reise begebt, verseht euch mit der notwendigen Zehrung, denn genügende Zehrung wird euch vor Betteln bewahren.« (2:198)

»Und wenn ihr im Zustand der Unreinheit seid, nachdem ihr dem Ehepartner beigewohnt, reinigt euch durch ein Bad oder Dusche.« (5:7)

»Wenn ihr eßt, so gebt davon auch dem, der bettelt, aber auch dem Hund und den Vögeln und anderen Tieren.« (51:20)

»Es ist keine Sünde für euch, die Waisenmädchen, die unter eurem Schutz sind, zu heiraten; und wenn ihr fürchtet, ihr würdet nicht gerecht gegen die Waisen handeln, da sie keinen Vormund haben außer euch, dann heiratet andere Frauen, die Eltern und Verwandte haben, die euch Achtung entgegenbringen, und deretwegen ihr auch achtsam wäret. Ihr könnt zwei, drei oder vier heiraten, vorausgesetzt, daß ihr sie gleich behandelt in jeder Beziehung. Und wenn ihr sie nicht gleich behandeln könnt, dann heiratet nur eine, auch wenn ihr mehrere nötig hättet. Die Begrenzung auf vier ist euch *auferlegt, damit ihr nicht geneigt sein sollt, dem alten Brauch folgend, eine größere Anzahl, die bis zu Hunderten gehen könnte, zu heiraten, und daß ihr euch nicht verbotenen Ausschweifungen neigt. Händigt euren Frauen ihre Morgengaben aus.«* (4:4, 5)

Kurz, dies ist der erste Schritt, den der Heilige Qur-ân für die Besserung des Menschen genommen hat, und es sind dies die Gesetze, mittels deren er die Wilden in den Rang der zivilisierten Wesen erhebt. Es ist hier noch nicht die Rede von der hohen Moral. Diese Lehre enthält nur die Voraussetzungen des guten Benehmens und der gesellschaftlichen Beziehungen. Wie wir bereits gemerkt haben, war diese Lehre nötig, da das Volk, zu dessen Besserung unser Heiliger Prophet – Gottes Friede sei mit ihm! – gesandt wurde, sich in einem äußerst barbarischen Zustand befand. Zweckmäßig war daher, daß man ihnen vor allem die Regeln des Gesellschaftslebens einschärfte.

Warum ist das Fleisch des Schweines verboten?

Ein Punkt, den es in diesem Zusammenhang zu beachten gilt: Schon in dem Namen dieses verbotenen Tiers – *Khinzir* d. h. das Schwein – hat Gott von allem Anfang an einen Hinweis auf die Gründe für sein Verbot gegeben. Das arabische Wort für dieses Tier besteht aus *Khinz* und *ara; Khinz* bedeutet ›sehr unrein‹, und *ara* heißt ›ich sehe‹. Somit bedeutet das arabische Wort für dieses Tier *Khinzir*: ›Ich sehe es als unrein an‹. Gott gab diesem Tier schon am Anfang einen Namen, der gerade auf seine Unreinheit hinweist. Noch merkwürdiger ist, daß in der Hindi-Sprache dieses Tier *Su-ar* heißt; das Wort besteht wiederum aus zwei Teilen: *Su* und *ara,* d. h. ›Ich sehe es als sehr unrein an‹. Daß ein Hindi-Wort arabischen Ursprung haben kann, darf uns nicht wundern, denn, wie wir in unserem Werk ›MINAN-UR-RAHMAN‹ gezeigt haben, ist Arabisch die Mutter aller Sprachen, und deren Wörter kommen in großer Zahl und sehr häufig in allen Sprachen vor. *Su* ist daher eigentlich ein arabisches Wort, dessen Synonym im Hindi *badd* heißt. Daher lautet eine andere Bezeichnung in Hindi für das Schwein: *Badd* (d. h. ›schlimm‹ oder ›unrein‹).

Es scheint kein Zweifel darüber zu bestehen, daß zu der Zeit, in der Arabisch die Sprache der damaligen Welt war, dieses Tier bei uns (in Indien) unter dem arabischen Namen bekannt war, dessen Bedeutung der des *Khinzir* entspricht. Und der Name *Su-ar* ist seit jeher ein Überbleibsel davon. Es ist doch möglich, daß sich die Form dieses Wortes im Sanskrit verändert hat, aber zweifellos ist die Grundform arabisch, denn der arabische Ausdruck liefert gleichzeitig auch den Grund des Namens, was das Wort *Khinzir* klar bestätigt.

Die Bedeutung dieses Wortes (Unreinheit) in bezug auf das Schwein bedarf keiner ausführlichen Erklärung, ist doch der Schmutz und Dreck dieses Tieres wohl überall bekannt. Jedermann weiß, daß das Schwein vom Dreck, Schmutz und Unrat lebt, dazu ist es das schamloseste Tier. Der Grund des Verbots ist offensichtlich. Die Kost seines unreinen Fleisches würde, dem Naturgesetz zufolge, die schädlichste Wirkung auf unseren Körper und auf unsere Seele haben, denn, wie wir bereits oben gezeigt haben, beeinflußt auch die Nahrung unweigerlich die Seele des Menschen. Es kann kein Zweifel darüber bestehen, daß auch das Fleisch dieses unreinen Tieres unrein ist. Griechische Ärzte haben schon vor dem Islam festgestellt, daß das Schweinefleisch besonders Schamlosigkeit erzeugt und die Reinheit des Menschen beeinträchtigt. Aus demselben Grunde ist im Islam das Fleisch eines von selbst verendeten Tieres nicht erlaubt, da solches Fleisch

75

eine entsprechende Wirkung auf den Genießer hat: Es wirkt sich nachteilig auf die Moral aus und ist schädlich für die körperliche Gesundheit. Alle Tiere, deren Blut (beim Schlachten) nicht herausfließt, z. B. die erdrosselten oder zu Tode geschlagenen, gelten als selbst verendete Tiere, deren Blut im Körper gerinnt. Es ist unbestritten, daß das Blut solcher Tiere bald verdirbt, somit verdirbt auch das Fleisch. Weiter vergiften die Blutparasiten den ganzen Körper des toten Tieres, wie es die neue Forschung an den Tag gebracht hat.

Die zweite Stufe:

Die moralischen Zustände des Menschen

Und nun zu der zweiten Stufe der Besserung nach dem Qur-ân: Der Qur-ân unternimmt die Hebung von den natürlichen, physischen zu den moralischen Zuständen, nachdem er jene den zweckmäßigen Voraussetzungen untergeordnet hat. Dieses Thema ist sehr umfassend. Zeit und Raum würden nicht ausreichen, wollten wir versuchen, hier auch ein Zehntel von dem auszuführen, was der Heilige Qur-ân über die moralischen Eigenschaften ausgesagt hat. Wir werden uns daher nur beispielsweise mit einigen der moralischen Eigenschaften befassen.

Alle moralischen Eigenschaften fallen unter zwei Kategorien:

1. die, welche es dem Menschen ermöglichen, das Böse zu unterlassen, und
2. die, welche ihn befähigen, das Gute zu vollbringen.

Die Unterlassung des Bösen enthält die moralischen Züge, die den Motiven und Handlungen des Menschen eine Richtung geben, so daß er das Leben, das Eigentum und die Ehre seiner Mitmenschen durch seine Zunge, Hand, Auge oder irgendein anderes Körperglied nicht verletzt, ja, dieser nicht einmal die Absicht hegt, anderen Schaden zuzufügen oder ihre Ehre anzugreifen. Das Vollbringen des Guten umfaßt die Einhaltung all der moralischen Vorschriften, durch die der Mensch dem Mitmenschen nützlich zu sein versucht, indem er sein Eigentum und seine Ehre bewahrt, Ruhm und Ehre des Mitmenschen deutlich werden läßt oder ein erlittenes Unrecht übersieht, so daß er dem Missetäter einen Vorteil gewährt, wodurch dieser der verdienten körperlichen Bestrafung oder dem Verlust seines Eigentums entgeht, und die Strafe zur Gnade wird.

Die Moral der Unterlassung des Bösen

Die moralischen Eigenschaften, die der wahre Schöpfer für die Erreichung der Stufe ›Unterlassung des Bösen‹ bestimmt hat, werden in der arabischen Sprache, deren überragend reicher Wortschatz jeweils ein bestimmtes Wort für die verschiedenen menschlichen Begriffe, Gebräuche und Sitten liefert, mit vier Bezeichnungen genannt.

Die erste dieser moralischen Eigenschaften heißt *Ehsan*, d. h. ›Keuschheit‹. Dieser Ausdruck umfaßt jene Tugend, die sich auf die Fähigkeit der Fortpflanzung von Mann und Frau bezieht. Ein Mann oder eine Frau werden *Muhsin* bzw. *Muhsena* (keusch) genannt, wenn er oder sie sich verbotenen sexuellen Beziehungen und allen Annäherungen dazu enthalten. Denn die Folgen solcher Übertretungen sind ja Entwürdigung und Demütigung für beide Partner in dieser Welt und Bestrafung im Jenseits sowie Entehrung und schwerwiegender Schaden für ihre Angehörigen. Zum Beispiel, wenn ein Mann sich einer eindeutigen Annäherung an die Gattin eines anderen schuldig macht, die, wenngleich nicht bis zum Ehebruch führt, so doch bis zu dessen Voraussetzungen, dann würde es für den Ehemann der Frau um seiner Selbstachtung willen notwendig, sich von ihr deswegen scheiden zu lassen, weil sie solch einen Annäherungsversuch geduldet hatte. Auch würden ihre Kinder davon in betrüblicher Weise betroffen. Der Ehemann würde einen Ruin erleiden wegen eines gewissenlosen Verführers.

Es muß betont werden, daß die moralische Eigenschaft – *Ehsan* oder Keuschheit genannt – nur dann besteht, wenn jemand sich der verbotenen Tat enthält, dabei aber im vollen Besitz der Triebe und Neigungen dazu wäre. Diese Enthaltsamkeit kann daher nicht als ›moralische Eigenschaft‹ betrachtet werden, ehe die Natur dem Betreffenden die Triebe nicht beschert hat, die ihn zur Durchführung der Verführung zu treiben vermöchten.

Es ist die Enthaltsamkeit unter solchen Unständen – d. h. Kampf gegen die Leidenschaften, die uns die Natur beschert hat –, was den Namen einer hohen moralischen Eigenschaft verdient. Minderjährigkeit, Zeugungsunfähigkeit, Entmannung oder hohes Alter haben die Voraussetzung nicht, auf der das Dasein der moralischen Eigenschaft, Keuschheit genannt, beruht, auch wenn man in diesen Fällen sich von dem Ungesetzlichen enthält. Tatsache ist, daß es sich in solchen Fällen um einen natürlichen Zustand handelt, der keinen Kampf gegen die Leidenschaften einschließt, und somit kann das Betragen nicht als Tugend oder Untugend gewertet werden. Wie wir schon bemerkt haben, können die natürlichen Zustände den moralischen Eigenschaften nicht gleichgestellt werden. Sie können erst dann zur Kategorie der moralischen Eigenschaften gezählt werden, wenn sie vom Verstand gelenkt werden und bei passender Gelegenheit ihren Ausdruck finden oder Ausdruck finden können.

Deshalb werden Kinder, die ihre Reife noch nicht erlangt

haben, oder impotente Menschen oder solche, die diese Fähigkeit irgendwie verloren haben, nicht behaupten können, sie besäßen eine moralische Tugend von großem Wert, auch wenn ihre Lebensweise der der keuschen Männer und Frauen ähnlich sein sollte. Ihre Keuschheit aber, wenn sie überhaupt so genannt werden kann, ist bloß ein naturbedingter Zustand, worüber sie nicht verfügen.

Da diese Sünde und das, was ihr vorausgeht, sowohl von Mann wie auch von Frau begangen werden kann, legt das Heilige Buch Gottes in diesem Zusammenhang für Mann und Frau Anweisungen fest. So heißt es:

قُل لِّلْمُؤْمِنِينَ يَغُضُّوا مِنْ أَبْصَارِهِمْ وَيَحْفَظُوا
فُرُوجَهُمْ ذَلِكَ أَزْكَىٰ لَهُمْ إِنَّ اللَّهَ خَبِيرٌ بِمَا يَصْنَعُونَ
وَقُل لِّلْمُؤْمِنَاتِ يَغْضُضْنَ مِنْ أَبْصَارِهِنَّ وَيَحْفَظْنَ
فُرُوجَهُنَّ وَلَا يُبْدِينَ زِينَتَهُنَّ إِلَّا مَا ظَهَرَ مِنْهَا
وَلْيَضْرِبْنَ بِخُمُرِهِنَّ عَلَىٰ جُيُوبِهِنَّ . . . . وَلَا يَضْرِبْنَ
بِأَرْجُلِهِنَّ لِيُعْلَمَ مَا يُخْفِينَ مِنْ زِينَتِهِنَّ وَتُوبُوا إِلَى
اللَّهِ جَمِيعًا أَيُّهَ الْمُؤْمِنُونَ لَعَلَّكُمْ تُفْلِحُونَ (النور : ٣١-٣٢)

وَلَا تَقْرَبُوا الزِّنَىٰ إِنَّهُ كَانَ فَاحِشَةً وَسَاءَ سَبِيلًا (بني اسرائيل: ٣٣)

وَلْيَسْتَعْفِفِ الَّذِينَ لَا يَجِدُونَ نِكَاحًا (النور: ٣٤)

وَرَهْبَانِيَّةً ابْتَدَعُوهَا مَا كَتَبْنَاهَا عَلَيْهِمْ إِلَّا ابْتِغَاءَ
رِضْوَانِ اللَّهِ فَمَا رَعَوْهَا حَقَّ رِعَايَتِهَا (الحديد: ٢٨)

»Weise die gläubigen Männer an, ihre Augen davor zurückzuhalten, nach Frauen außerhalb des erlaubten Verwandtschaftsgrades zu sehen, wenn sie von diesen

sexuell erregt werden könnten. Sie sollten es sich ange-
wöhnen, bei solchen Anlässen ihre Blicke zu bewahren.
Sie sollten alle ihre Sinne im Zaum halten, z. B. sollten
sie dem Gesang oder den verlockenden Stimmen von
Frauen außerhalb der erlaubten Beziehungen nicht zu-
hören, noch sollten sie den Beschreibungen ihrer betören-
den Schönheit lauschen. Das ist ein guter Weg, um die
Reinheit des Blickes und des Herzens zu bewahren.
Und sprich zu den gläubigen Frauen, daß sie ihre
Blicke zu Boden wenden und ihre Augen und Ohren
davon abhalten, auf fremde Männer zu blicken und
ihrer verführenden Stimme zuzuhören; und daß sie ihre
Keuschheit wahren sollen; und daß sie ihre Reize und
Schönheit bedecken und nicht zur Schau tragen sollen,
bis auf das, was davon sichtbar sein muß; und daß sie
ihre Tücher über ihre Busen ziehen sollen, um damit ihre
Ohren und Köpfe und Schläfen und Busen zu decken…
  Sie sollen mit ihren Füßen nicht den Boden berühren
wie Tänzerinnen. Dies sind Anweisungen, die geeignet
sind, einen vor dem Stolpern zu bewahren. Das zweite
Mittel heißt, sich zu Gott zu bekehren und zu Ihm zu
beten, um vor dem Sturz bewahrt und vor dem Fall und
Abgleiten behütet zu werden.« (24 : 31, 32)
Eine weitere Anweisung lautet:
  »Nahet nicht dem Ehebruch. Das heißt: Haltet euch
selbst von solchen Anlässen fern, die diesen Gedanken
erwecken, und begeht nicht die Wege, die zu dieser
Sünde führen könnten, denn ein Ehebrecher begeht eine
äußerst verwerfliche und schändliche Tat. Der Weg des
Ehebruchs ist ein übler Weg, da er einen hindert, das
Ziel zu erreichen und der Erlangung der Vollkommen-
heit im Wege steht.« (17 : 33)
Ferner heißt es:
  »Und diejenigen, die keine Gelegenheit zur Ehe finden,

sollen sich keusch halten.« (24:34)
   »Durch andere Mittel, z. B. durch fasten oder wenig essen oder durch anstrengende körperliche Arbeit.«
   »Manche haben eigene Mittel erfunden, um sich der sexuellen Beziehung zu enthalten – durch Zölibat und Mönchstum [um so die Ehe weit von sich abzuweisen], *oder durch Kastration. Alle diese Methoden aber schrieben Wir ihnen nicht vor – was zur Folge hat, daß sie diese Maßnahmen nicht auf die Art einhalten können, wie sie es hätten tun sollen.«* (57:28)

Hier widerlegt Gott die Behauptung, Er habe den Menschen Kastration vorgeschrieben; denn, wenn dies das göttliche Gebot gewesen wäre, hätten die Menschen ihm Folge leisten müssen, und das Menschengeschlecht wäre schon längst vom Erdboden verschwunden und die Welt untergegangen. Außerdem wäre die obengenannte Praxis der Kastration und Ähnliches zum Zwecke der Einhaltung der Keuschheit ein indirekter Vorwurf gegen den Schöpfer, Der die Menschen mit der Zeugungskraft versehen hat. Darüber hinaus liegt der Verdienst einzig darin, daß man die schlechte Neigung bekämpft und die bösen Leidenschaften aus Ehrfurcht vor Gott überwindet. Wer die Fähigkeit besitzt (und dann das Böse vermeidet), hat doppelten Verdienst, d. h. für den zweckmäßigen Gebrauch der Energie und für das Sich-Enthalten vor deren Mißbrauch. Aber derjenige, der die Fähigkeit verloren hat, ist jedwelchen Verdienstes bar. Bändigung der natürlichen Kräfte ist nur dann verdienstvoll, wenn man über sie verfügt, aber sie dennoch im Zaume hält. Keine Belohnung verdient jener, der wie ein Kind die Fähigkeit verloren hat.
   Ist denn die Keuschheit eines Kindes ein Verdienst?

Fünf Mittel zur Aufrechterhaltung der Keuschheit

Diese Verse enthalten nicht nur eine herrliche Lehre zur Erlangung der Keuschheit, sondern bieten auch fünf Wege, um dieselbe zu erhalten. Es sind dies die folgenden: Die Augen davon abzuhalten, auf fremde Frauen zu blicken; die Ohren davon abzuhalten, den verwirrenden Stimmen fremder Frauen, die die Wollust erwecken könnten, zuzuhören; die lockenden Berichte über ihre Schönheit nicht anzuhören; die Gelegenheiten zu meiden, die zum Laster verführen können; und als fünftes Mittel das Fasten, falls man keine Gelegenheit zur Ehe hat.

Wir können mit voller Überzeugung behaupten, daß diese schöne und klare Lehre über Keuschheit nebst den im Heiligen Qur-ân erwähnten Hilfsmitteln eine Besonderheit ist, die nur dem Islam eigen ist. Wir dürfen die Tatsache nicht übersehen, daß der natürliche Trieb, der der Ursprung der sinnlichen Begierden ist (welche man nicht meistern kann, ohne daß man sich einer vollkommenen Umwandlung unterzieht), sich entflammt, wo immer sich die Möglichkeit und Gelegenheit bietet; und damit bringt er den Menschen in eine ernste Gefahr. Die göttliche Unterweisung ist daher nicht, daß wir wohl auf fremde Frauen blicken, ihre Schönheit und ihren Schmuck und ihr Gehen und Tanzen betrachten dürfen, solange wir es aus reinem Herzen tun, oder daß es wohl erlaubt ist, ihre süßen Gesänge oder die verführenden Geschichten über ihre Schönheit anzuhören, vorausgesetzt, daß wir alles aus reiner Absicht tun, sondern es ist ganz und gar nicht erlaubt, auf sie zu blicken, noch ihren verführenden Stimmen Gehör zu schenken, mit oder ohne guten Absichten. Wir müssen uns von all dem fernhalten, was uns verführen könnte, genauso wie wir uns des Aas-Essens enthalten. Begehrliche Blicke können mit ziemlicher Sicherheit früher oder später zu unserem Fall führen. Weil Gott der Allmächtige wünscht, daß unsere Augen, Herzen, Gedanken und Glieder fortgesetzt in einem Zustand der Reinheit bleiben sollten, hat Er uns diese ausgezeichnete Lehre gegeben. Wer kann daran zweifeln, daß ungezügelte Blicke eine Gefahr darstellen? Wenn wir frisches Brot vor einen hungrigen Hund legen, wäre es falsch zu erwarten, daß der Hund dem Brot keine Beachtung schenken würde. Daher wünschte der Allmächtige Gott, daß menschliche Fähigkeiten auch im geheimen keine Gelegenheit erhalten sollten, außer Rand und Band zu geraten, und daß sie nicht mit etwas konfrontiert werden sollten, was gefährliche Neigungen hervorrufen könnte.

Diese Philosophie liegt der Lehre des Islams über die Verschleierung, *Pardah*, zugrunde. Das Buch Gottes bezweckt mit dieser Vorschrift nicht die Abgeschlossenheit der Frauen wie in einem Gefängnis. Dies kann nur die Meinung der Unwissenden sein, die die islamische Lebensweise nicht kennen.

Der Zweck dieser Vorschrift ist, Männer und Frauen davon abzuhalten, ihre Blicke auf fremde Personen frei herumschweifen zu lassen und ihre Reize zur Schau zu stellen. Diese Regel trägt zum Guten für beide Geschlechter bei. Weiter muß man sich vergegenwärtigen, daß das Zurückhalten der Blicke und ihr Hinwenden auf erlaubte Dinge im Arabischen durch den Ausdruck *ghadde bassar* beschrieben wird, einem Ausdruck, der im Qur-ân in diesem Zusammenhang verwendet wird. Es geziemt sich nicht für einen frommen Menschen, der sich danach sehnt, sein Herz rein zu erhalten, daß er seine Augen in jeder Richtung frei kreisen läßt, wie wilde Tiere es tun. Für ihn ist es notwendig, die Lehre von *ghadde bassar* in seinem täglichen Leben anzuwenden. Solch eine Angewohnheit ist segensreich. Sie verwandelt den natürlichen Zustand in hohe moralische Qualitäten, ohne daß die gesellschaftlichen Bedürfnisse dadurch eine Beeinträchtigung erfahren.

Diese moralische Eigenschaft ist es, die Keuschheit (*Ehsan* oder *Iffat*) heißt.

Die zweite moralische Eigenschaft im Zusammenhang mit dem Begriff ›Unterlassung des Bösen‹ heißt im Arabischen *Amanat*, d. h. ›Ehrlichkeit und Integrität‹. *Amanat* besteht darin, es nicht zu dulden, böswillig das Eigentum der anderen durch Betrug zu beschlagnahmen und den Mitmenschen auf diese Weise Schaden zuzufügen. Die Eigenschaft der Ehrlichkeit und Integrität entspricht wiederum dem natürlichen, physischen Zustand des Menschen. Darum ist ein Säugling – sofern er noch seinen natürlichen Instinkt hat und noch keine schlechten Gewohnheiten besitzt – äußerst abgeneigt, sich das Eigentum anderer anzueignen, so daß er nur mit großer Mühe dazu bewogen werden kann, die Milch einer fremden Frau zu sich zu nehmen.

Das Kleinkind weigert sich, sich an eine Amme zu wenden, es sei denn, es wurde ihr schon viel früher anvertraut. Es nimmt in Kauf, zu hungern und verweigert die Milch einer der fremden Frau. Was ist der tiefe Grund dieser Abgeneigtheit? Er liegt darin, daß das Kind sich instinktiv weigert, anstatt seiner Mutter etwas anderes zu begehren, etwas, das ihm nicht gehört. Studieren wir diese Gewohnheit des Kleinkindes weiter, so wird klar, daß diese Natur des Kindes die Wurzel bildet, aus der die natürliche Neigung, ehrlich zu werden, entspringt, und die sich später in eine moralische Eigenschaft, Ehrlichkeit genannt, entwickelt. Niemand kann die moralische Eigenschaft der Ehrlichkeit besitzen, solange ihm nicht das unehrliche Aneignen des fremden Eigentums ebenso zuwider und hassenswert ist, wie einem Kinde die fremde Milch. Ein Säugling jedoch wendet diese Gewohnheit nicht immer bei der richtigen Gelegenheit an und verschafft sich dadurch großes Leiden. Diese Gewohnheit ist nur ein natürlicher Instinkt, der ohne sein Zutun zum Ausdruck kommt. Sie ist deshalb nicht die moralische Eigenschaft der Ehrlichkeit, bildet aber deren Wurzel. Das Kleinkind kann daher nicht rechtschaffen und ehrlich genannt werden.

Ebensowenig ist derjenige,der diese moralische Neigung bloß im Gehorsam seiner Natur gegenüber zeigt (ohne auf die Zweckmäßigkeit der Angelegenheit Rücksicht zu nehmen), als eine moralische Person zu betrachten. Es ist sehr schwer *Amien*, d. h. ehrlich und aufrichtig, zu sein, und derjenige, der die Voraussetzungen, die den natürlichen Zustand zur moralischen Eigenschaft erheben, nicht erfüllt, kann nicht behaupten, daß seine Handlungen tatsächlich moralisch sind. In diesem Zusammenhang hat Gott der Allmächtige uns in den folgenden Versen des Qur-âns verschiedene Wege und Aspekte der Ehrlichkeit aufgezeigt:

وَلَا تُؤْتُوا السُّفَهَآءَ أَمْوَالَكُمُ الَّتِى جَعَلَ اللهُ لَكُمْ
قِيَامًا وَارْزُقُوهُمْ فِيهَا وَاكْسُوهُمْ وَقُولُوا لَهُمْ
قَوْلًا مَعْرُوفًا وَابْتَلُوا الْيَتَامَى حَتَّى إِذَا بَلَغُوا النِّكَاحَ فَإِنْ
أَنَسْتُمْ مِنْهُمْ رُشْدًا فَادْفَعُوا إِلَيْهِمْ أَمْوَالَهُمْ وَلَا
تَأْكُلُوهَا إِسْرَافًا وَبِدَارًا أَنْ يَكْبَرُوا وَمَنْ كَانَ
غَنِيًّا فَلْيَسْتَعْفِفْ وَمَنْ كَانَ فَقِيرًا فَلْيَأْكُلْ
بِالْمَعْرُوفِ فَإِذَا دَفَعْتُمْ إِلَيْهِمْ أَمْوَالَهُمْ
فَأَشْهِدُوا عَلَيْهِمْ وَكَفَى بِاللهِ حَسِيبًا (النِّسَآء : ٦-٥)

وَلْيَخْشَ الَّذِينَ لَوْ تَرَكُوا مِنْ خَلْفِهِمْ ذُرِّيَّةً ضِعَافًا
خَافُوا عَلَيْهِمْ فَلْيَتَّقُوا اللهَ وَلْيَقُولُوا قَوْلًا سَدِيدًا
إِنَّ الَّذِينَ يَأْكُلُونَ أَمْوَالَ الْيَتَامَى ظُلْمًا إِنَّمَا
يَأْكُلُونَ فِي بُطُونِهِمْ نَارًا وَسَيَصْلَوْنَ سَعِيرًا (النِّسَآء : ١٠-١١)

85

»Wenn unter euch ein Gutsherr ist, der schwachsinnig, Waise oder unmündig ist, und bei dem ihr befürchtet, daß er in Ermangelung der nötigen Klugheit sein Vermögen verplempern würde, so sollt ihr die Vormundschaft übernehmen, und solchen Schwachsinnigen das Gut nicht überlassen, das für ihren Unterhalt und für die Geschäfte nötig ist. Vielmehr nährt sie und kleidet sie je nach Bedarf damit, und sprecht Worte freundlichen Ratschlags zu ihnen, um dadurch ihren Intellekt zu schärfen und ihren Verstand zur Reife zu bringen: und bildet sie aus zu einer Erwerbstätigkeit, die ihren Fähigkeiten am besten entspricht; und erteilt ihnen entsprechende Anweisungen über Handel, falls sie aus einer Familie von Geschäftsleuten stammen, oder über einen anderen geeigneten Beruf. Prüfet sie in dem, was ihr sie lehrt, um ihre Lernfähigkeit feststellen zu können. Und wenn sie das heiratsfähige Alter (etwa 18 Jahre) erreicht haben, und ihr dann an ihnen Verständigkeit und Sinn für Vermögensverwaltung wahrnehmet, so händigt ihnen ihren Besitz aus; und zehrt ihn nicht verschwenderisch und hastig auf, aus Furcht davor, daß sie bald großjährig würden und zurückfordern würden, was ihnen gehört. Wenn der Vormund wohlhabend ist, enthalte er sich dessen ganz, etwas als Entschädigung für die Verwaltung des Vermögens entgegenzunehmen; aber wenn er arm ist, zehre er davon nach Billigkeit.« (4:6,7)

Nach einem Brauch der Araber pflegten die Vormünder einer Waise, wenn sie etwas als Entschädigung nehmen wollten, nach Möglichkeit nur aus dem Gewinn der Kapitalanlage zu fordern, ohne das Stammkapital anzutasten. Die vorstehenden Verse weisen auf diesen Brauch hin.

86

Ferner heißt es:

> »*Und wenn ihr den Waisen ihren Besitz aushändigt, tut es in der Gegenwart von Zeugen.*« (4:7)
>
> »*Und jene, die schwache, unmündige Nachkommen hinterlassen, sollen nicht ein Testament machen, durch welches die Kinder benachteiligt sind. Fürwahr, jene, die den Besitz der Waisen auf diese Weise verzehren, schlucken nicht den Besitz, sondern Feuer in ihren Bauch, und sie sollen in flammendem Feuer brennen.*«
> (4:10, 11)

Wir sehen somit, wie Gott die verschiedenen Aspekte der Ehrlichkeit und der Integrität dargelegt hat. Also kann wahre Ehrlichkeit und Integrität nur die sein, welche alle diese Seiten umfaßt. Wenn nicht jede einzelne Seite mit perfektem Verstand berücksichtigt wird, kann die oberflächliche Ehrlichkeit noch eine Menge von Unehrlichkeiten in sich bergen.

Weiter steht geschrieben:

وَلَا تَأْكُلُوٓا أَمْوَالَكُم بَيْنَكُم بِالْبَاطِلِ وَتُدْلُوا بِهَآ إِلَى الْحُكَّامِ لِتَأْكُلُوا فَرِيقًا مِّنْ أَمْوَالِ النَّاسِ بِالْإِثْمِ وَأَنتُمْ تَعْلَمُونَ (البقرة : ١٨٩)

إِنَّ اللَّهَ يَأْمُرُكُمْ أَن تُؤَدُّوا الْأَمَانَاتِ إِلَىٰ أَهْلِهَا (النساء : ٥٩)

إِنَّ اللَّهَ لَا يُحِبُّ الْخَآئِنِينَ (الانفال : ٥٩)

وَأَوْفُوا الْكَيْلَ إِذَا كِلْتُمْ وَزِنُوا بِالْقِسْطَاسِ الْمُسْتَقِيمِ (بنى اسرائيل : ٣٦)

وَلَا تَبْخَسُوا النَّاسَ أَشْيَاءَهُمْ وَلَا تَعْثَوْا فِي الْأَرْضِ مُفْسِدِينَ (الشعرآء : ١٨٣)

وَلَا تَتَبَدَّلُوا الْخَبِيثَ بِالطَّيِّبِ (النساء : ٣)

»Fresset nicht untereinander euren Reichtum auf in unge-
rechter Weise, und bietet ihn nicht der Obrigkeit als
Bestechung an, auf daß ihr euch den Reichtum anderer
nicht mit Hilfe der Behörden zu Unrecht aneignen
möget.« (2:189)
»Übergebt die Treuhandschaft jenen, die ihrer würdig
sind.« (4:59)
»Gott liebt nicht die Unehrlichen.« (8:59)
»Gebet volles Maß, wenn ihr meßt, und wägt mit
richtiger und exakter Waage.« (17:36)
»Vermindert den Menschen nicht ihr Gut auf irgendeine
Weise, und zieht nicht im Lande herum mit der Absicht,
Unheil anzurichten. Das heißt als Räuber, Wegelagerer,
Taschendiebe oder [versucht nicht,] *euch sonstwie un-*
rechtmäßig das Eigentum anderer anzueignen.« (26:184)
»Vertauscht nicht Gutes mit Schlechtem. Denn, wie es
einem nicht erlaubt ist, den Reichtum eines anderen
ungesetzlich zu beschlagnahmen, ebenso ist es Unrecht,
minderwertige oder wertlose Waren gegen gute und
hochwertige zu vertauschen.« (4:3)

In diesen Versen hat der Allmächtige Gott alle Arten von
Unehrlichkeit so umfassend dargetan, daß keine Art von
unredlichem Handeln ausgeschlossen worden ist. Er hat
nicht nur den Diebstahl verboten, damit nicht ein Dumm-
kopf annehmen kann, daß zwar Diebstahl verboten, doch
andere Handlungen erlaubt seien, um in den unrechtmäßigen
Besitz des fremden Eigentums zu gelangen.

Mit einem umfassenden Wort alle unehrenhaften Methoden, Eigentum zu erwerben, in verständlicher Weise zu ver-
bieten, ist wahre Weisheit. Wenn also ein Mensch die Quali-
tät der Integrität nicht mit Einsicht in allen seinen Handlungen besitzt und alle Aspekte der moralischen Eigenschaft
nicht erfüllt, kann er nicht als ehrlich angesehen werden;

selbst dann nicht, wenn er Ehrlichkeit in gewissen Dingen ausübt. Er handelt nach Gewohnheit im Gehorsam zu den natürlichen Neigungen, ohne dabei Verstand und Einsicht walten zu lassen.

Die dritte moralische Eigenschaft im Zusammenhang mit dem Unterlassen des Bösen wird im Arabischen mit den Wörtern *Hudna* oder *Haun* ausgedrückt. Das heißt, sich davon fernzuhalten, einem anderen ungerechterweise körperliche Verletzung zuzufügen, und ein friedfertiges, harmloses Leben zu führen. Zweifelsohne ist Friedfertigkeit eine moralische Eigenschaft hohen Grades und unentbehrlich für die Menschheit. Die dementsprechende natürliche Neigung, aus der diese Eigenschaft stammt, ist im Menschenkind in der Form von Anhänglichkeit zu erkennen. Es ist selbstverständlich, daß das Menschenkind – dessen Verstand noch nicht entwickelt ist – die Begriffe Friedlichkeit und Streitsucht nicht erfassen kann. Anhänglichkeit, die in einem Kinde zu beobachten ist, ist nur der Keim, aus dem die hohe moralische Eigenschaft, Friedlichkeit, sich herausbildet. Aber diese Veranlagung kann nicht moralisch genannt werden, weil ihr der Verstand, die Überlegung und die feste Absicht fehlen. Moralische Eigenschaft kann sie nur dann heißen, wenn jemand sich mit Überlegung zu einem friedfertigen Wesen macht und diesen Charakterzug bei passender Gelegenheit zum Ausdruck bringt und sich davor bewahrt, die moralische Eigenschaft am falschen Platz zu entfalten. Die göttliche Lehre darüber lautet:

وَأَصْلِحُوا ذَاتَ بَيْنِكُمْ (الانفال : ٢)

وَالصُّلْحُ خَيْرٌ (النسآء : ١٢٩)

وَإِنْ جَنَحُوا لِلسَّلْمِ فَاجْنَحْ لَهَا (الانفال : ٦٢)

وَعِبَادُ الرَّحْمٰنِ الَّذِينَ يَمْشُونَ عَلَى الأَرْضِ هَوْنًا (الفرقان:٦٣)

وَإِذَا مَرُّوا بِاللَّغْوِ مَرُّوا كِرَامًا (الفرقان : ٧٣)

اِدْفَعْ بِالَّتِي هِيَ أَحْسَنُ فَإِذَا الَّذِي بَيْنَكَ وَبَيْنَهُ

عَدَاوَةٌ كَأَنَّهُ وَلِيٌّ حَمِيمٌ (حٰم : ٣٥)

»Ordnet die Dinge in Eintracht unter euch « (8:2)
»Versöhnung ist das Beste.« (4:129)
»Sind sie jedoch zum Frieden geneigt, so sei auch du ihm geneigt.« (8:62)
»Die Diener des Gnadenreichen wandeln auf Erden in Demut.« (25:64)
»Und wenn sie an etwas Eitlem vorübergehen [was zu einem Streit führen könnte], *gehen sie mit Würde vorüber. Sie versuchen nicht, mit anderen Händel um Kleinigkeiten anzuzetteln.«* (25:73)

Das heißt, sie streiten nicht, solange man sie nicht wirklich verletzt hat. Und dies ist das führende Prinzip der Friedlichkeit am rechten Platz, daß man sich nicht wegen der geringsten Verletzung seiner Gefühle beleidigt fühlen, sondern vergeben sollte.

Das Wort *laghw* (eitel) in diesem Vers verdient eine Erklärung. Ein Wort oder eine Tat ist *laghw* oder eitel, wenn kein materieller Verlust oder Schaden entsteht, mag auch die Tat in böswilliger Absicht geschehen sein. Friedfertigkeit erfordert, daß man solche Worte oder Taten mit Würde übersieht und sich bei solchen Anlässen als ›Gentleman‹ erweist. Aber wenn wirklicher Schaden an Leben, Eigentum oder Ehre verursacht wird, dann ist die entsprechende moralische Eigenschaft bei solcher Gelegenheit nicht Friedfertigkeit, sondern *Afuw*, d. h. ›Verzeihung‹ oder ›Nachsicht‹, ein Gebot, auf das wir später zu sprechen kommen werden, so Gott will.

Weiter heißt es:

*»Wenn jemand zu euch boshaft ist, so wehret das Böse
mit dem ab, was das Beste ist, auf die friedlichste Art.
Durch ein solches Verhalten wird euch der Feind wie ein
wahrer Freund werden.«* (41 : 35)

Kurz, Friedfertigkeit bedeutet das Übersehen unbedeutender
Beleidigungen, die keinen großen Schaden anrichten, sondern sich mehr oder weniger auf unbedachtes Gerede beschränken.

Die vierte moralische Eigenschaft im Zusammenhang mit
dem Begriff ›Unterlassen des Bösen‹ heißt *Rifq* oder ›Höflichkeit‹ und ›ein gutes Wort‹. Der natürliche Zustand, aus dem
diese Eigenschaft sich später entwickelt, heißt *Talaqat*, was
Frohsinn oder Heiterkeit bedeutet. Bevor ein Kleinkind sich
in Worten ausdrücken kann, zeigt es Fröhlichkeit anstelle der
Artigkeit und guten Reden. Dies beweist, daß die Wurzel der
Artigkeit die natürliche Veranlagung ist, aus der die moralische Eigenschaft der Höflichkeit heranwächst. Der Frohsinn
ist eine Veranlagung, Höflichkeit aber eine moralische Eigenschaft, indem sie zur richtigen Zeit zum Ausdruck kommt.
Gott lehrt diesbezüglich folgendes:

(٨٣ : البقرة) وَقُولُوا لِلنَّاسِ حُسْنًا

لَا يَسْخَرْ قَوْمٌ مِّن قَوْمٍ عَسَى أَن يَكُونُوا خَيْرًا

مِّنْهُمْ وَلَا نِسَاءٌ مِّن نِّسَاءٍ عَسَى أَن يَكُنَّ خَيْرًا

مِّنْهُنَّ وَلَا تَلْمِزُوا أَنفُسَكُمْ وَلَا تَنَابَزُوا بِالْأَلْقَابِ

(١٢ : الحجرات)

اجْتَنِبُوا كَثِيرًا مِّنَ الظَّنِّ إِنَّ بَعْضَ الظَّنِّ

إِثْمٌ وَلَا تَجَسَّسُوا وَلَا يَغْتَب بَّعْضُكُم بَعْضًا

(١٣ : الحجرات)

وَلَا تَقْفُ مَا لَيْسَ لَكَ بِهِ عِلْمٌ إِنَّ السَّمْعَ وَالْبَصَرَ
وَالْفُؤَادَ كُلُّ أُولَٰئِكَ كَانَ عَنْهُ مَسْئُولًا
(بنى اسرائيل : ٣٤)

»Redet Gutes zu den Menschen.« (2 : 84)
»Lasset nicht ein Volk über das andere spotten, vielleicht sind diese besser als jene; und lasset nicht Frauen über andere spotten, vielleicht sind diese besser als jene. Und verleumdet einander nicht, und gebet einander nicht Schimpfnamen.« (49 : 12)
»Vermeidet häufigen Argwohn... Und belauert euch nicht, erforscht die Fehler anderer nicht, schädigt nicht einer des anderen Ruf, und führt nicht üble Nachrede übereinander...« (49 : 13)
»Beschuldige nicht jemanden einer Tat, wovon du keine Kenntnis hast. Wisse, daß das Ohr und das Auge und das Herz – sie alle sollen zur Rechenschaft gezogen werden.« (17 : 37)

Moralische Eigenschaften
bezogen auf die Vollbringung des Guten

Nach der ersten Art der moralischen Eigenschaften (nämlich jener, die unter ›Unterlassen des Bösen‹ fallen) kommen wir nun auf die zweite zu sprechen, die zum Vollbringen des Guten führt. Die erste Eigenschaft nennt sich *Afuw.* d. h. ›Vergebung‹ oder ›Nachsicht‹. Wer sich eines Vergehens schuldig macht, fügt damit einem anderen Schaden zu und verdient eine Vergeltung und Bestrafung auf dem Gesetzesweg, sei es mit Gefängnis oder Buße, oder durch die geschädigte

92

Person selber. Wenn aber diese dem Missetäter verzeiht, insofern Verzeihung angebracht ist, erweist sie ihm wirklich Gutes. Der Heilige Qur-ân lehrt darüber:

وَالْكَاظِمِيْنَ الْغَيْظَ وَالْعَافِيْنَ عَنِ النَّاسِ (ال عمران : ١٣٥)
وَجَزَاؤُا سَيِّئَةٍ سَيِّئَةٌ مِّثْلُهَا فَمَنْ عَفَا وَاَصْلَحَ
فَاَجْرُهُ عَلَى اللهِ (الشورى : ٤١)

»Die Rechtschaffenen sind die, die den Zorn unterdrük-ken, wo Zorn am Platz wäre und den Mitmenschen vergeben, wo es angebracht ist.« (3 : 135)
»Die Vergeltung für eine Schädigung ist eine Schädi-gung im gleichen Ausmaß; wer aber vergibt und da-durch Besserung und keine Verschlechterung der Lage bewirkt, d. h. die Vergebung bei passender Gelegenheit ausübt, dessen Lohn ist sicher bei Gott.« (42 : 41)

Der Vers legt die Voraussetzung der Vergebung dar. Der Qur-ân lehrt nicht, daß man in keinem Fall dem Bösen Widerstand leisten soll, oder daß dem Missetäter und Böse-wicht die Strafe auf keinen Fall auferlegt werden soll. Er empfiehlt, die Umstände genau zu prüfen und zu entschei-den, ob Vergebung oder Bestrafung erforderlich sei, und dann so vorzugehen, wie es dem Bösewicht sowie der Allge-meinheit wirklich nutzbringend sein wird. Manchmal veran-laßt die Verzeihung einen Missetäter zu bereuen, und ein andermal ermutigt sie ihn zu weiterem Verbrechen. Daher verlangt das Wort Gottes nicht, blindlings aus Gewohnheit zu vergeben, sondern die Angelegenheit einer Erwägung zu unterziehen und mit Bedacht zu entscheiden, was wirklich besser ist, – Vergebung oder Bestrafung. Wir also sollen dem Fall angemessen handeln.

Eine Betrachtung des menschlichen Charakters macht uns

folgendes klar: Wie es Leute rachsüchtiger Natur gibt, die ihren Groll übertreiben und ein Unrecht, welches ihren Vorfahren widerfuhr, für Generationen nicht vergessen, gibt es anderseits auch welche, die Nachsicht und Vergebung zu einem Extrem ausüben, was bisweilen zur schamlosen Entwürdigung führt. Ihre Nachsicht und Vergebung ist absolut unvereinbar mit Würde, Ehre, Eifersucht und dem Sinn für Keuschheit. Ihr Verhalten ist wie ein Schandfleck auf ihrem Ruf. In den Augen anderer Menschen ist eine solche Vergebung und Nachsicht zu verabscheuen. Es ist aus diesem Grunde, daß der Heilige Qur-ân selbst die moralischen Eigenschaften der Bedingung der Zweckmäßigkeit unterstellt und eine Handlung, die diese Bedingung nicht erfüllt, nicht als moralisch anerkennt, das heißt, solange diese nicht beim richtigen Anlaß zum Ausdruck gebracht wird.

Wir müssen im Auge behalten, daß bloße Vergebung keine moralische Handlung ist. Sie ist Ausdruck einer natürlichen Veranlagung, die auch die Kinder besitzen. Ein Kind, wenn es von jemandem verletzt wird, unabsichtlich oder auch aus Bosheit, vergißt die Tat in wenigen Minuten und ist nach einiger Zeit dem Täter liebevoll zugetan. Es wird durch ein einziges verlockendes Trostwort sofort versöhnt, auch wenn der Missetäter beabsichtigen sollte, das Kind ums Leben zu bringen. Diese vergebende Handlung kann jedoch in keinem Fall den moralischen Eigenschaften zugerechnet werden. Moralisch kann sie nur heißen, wenn sie die Voraussetzung der Zweckmäßigkeit erfüllt und nur bei passender Gelegenheit zum Ausdruck kommt, ansonsten bleibt sie ein natürlicher Impuls. Es sind wenige Leute in der Welt, die zwischen einem natürlichen Zustand und einer moralischen Eigenschaft wirklich unterscheiden können. Wir haben die Tatsache wiederholt hervorgehoben, daß der Unterschied zwischen einem natürlichen Zustand und einer wahren moralischen Eigenschaft vor allem darin besteht, daß letztere immer bei passender Gelegenheit und zu richtigem Anlaß zum Ausdruck kommt, während der natürliche Impuls keine Rücksicht auf die Zweckmäßigkeit nimmt. Viele Tiere sind absolut harmlos und widerstehen dem Bösen nicht. Eine Kuh mag harmlos und eine Ziege sanftmütig heißen, aber wir können ihnen dafür die hohen moralischen Eigenschaften nicht zuschreiben, denn sie besitzen den Verstand nicht, um zwischen Anlaß und Anlaß zu unterscheiden. Die göttliche Weisheit und das wahre und vollkommene Wort Gottes hat daher jede moralische Eigenschaft der Bedingung unterstellt, daß sie zweckmäßig und nur bei passender Gelegenheit zum Ausdruck kommen muß.

Die zweite moralische Eigenschaft, die anspornt, den anderen Gutes zu erweisen, heißt *Adl* oder: ›das Gute als Entgelt für das Gute‹; die dritte heißt *Ihsan* oder: ›die Güte‹, (ohne deren Erwiderung zu erwarten); die vierte heißt: *Ita-e-zil Qurba,* ‹ oder: ›Verwandtschaftsgüte‹ (d. h. ›Was du den Verwandten tun würdest, tue allen‹).

So sagt Gott, der Glorreiche:

إِنَّ اللَّهَ يَأْمُرُ بِالْعَدْلِ وَالْإِحْسَانِ وَإِيتَآيِ ذِے
الْقُرْبِیٰ وَيَنْهَیٰ عَنِ الْفَحْشَآءِ وَالْمُنْكَرِ وَالْبَغْیِ
(النحل : ۹۱)

»Das heißt, Gott gebietet euch: vergeltet Gutes mit Gutem [d. h. ›Adl‹ oder Gerechtigkeit]; und auch mehr als bloße Vergeltung, wenn sie am Platz ist, also den anderen Gutes zu tun, ohne daß man zu euch gütig war, und [wo sich eine passende Gelegenheit bietet] ihr sollt das Gute erweisen, wie man gegen die Verwandten leidenschaftlich aus natürlichem Antrieb gütig ist. Gott der Allmächtige verbietet Übermaß [d. h. die Schranken der Gerechtigkeit zu überschreiten] *und daß ihr euch vernunftswidrig des Guten enthaltet,*

indem ihr Gutes am falschen Platz erweist oder es am richtigen Platz unterlaßt; oder indem ihr die moralische Eigenschaft der ›Verwandtschaftsgüte‹ nicht in vollem Maß zeigt, wo sie erforderlich ist, oder indem ihr das Gute übertreibt.« (16:91)

Der Vers erwähnt drei Stufen von Güte. Die erste und die niedrigste Stufe ist die, auf der man nur seinen Wohltätern gegenüber gütig ist. Auf dieser Stufe kann freilich jeder Gewöhnliche stehen, der den Sinn hat, Dinge zu schätzen und die Güte zu erwidern. Die zweite Stufe zu erreichen ist schon etwas schwieriger, weil man auf dieser Stufe die Initiative zur Güte selbst ergreifen muß und auch denjenigen Gutes erweist, die es durch nichts verdient haben. Diese Eigenschaft steht jedoch noch auf der mittleren Stufe. Die meisten Leute wollen den Mittellosen wohltätig sein, aber diese Art von Güte ist belastet mit einem versteckten Fehler, indem der Wohltäter sich seiner Wohltat bewußt ist und zumindest eine Anerkennung für seine Güte in Form eines Dankeswortes oder eines Gebets erwartet. Und vergißt der Begünstigte jemals die Wohltätigkeit und verletzt den Wohltäter, wird dieser solche Unterlassung als Undankbarkeit bezeichnen. Er wird gelegentlich dazu verleitet, dem Begünstigten deswegen eine schwere Bürde aufzuerlegen, die dieser zu tragen nicht die Kraft hat. Damit will der Wohltäter ihm seine Gunst in Erinnerung rufen. Gott warnt die Wohltäter vor dieser Unzulänglichkeit der Gunsterweisung mit den Worten:

$$\text{لَا تُبْطِلُوا صَدَقَٰتِكُم بِالْمَنِّ وَالْأَذَىٰ (البقرة : ٢٦٥)}$$

»Machet eure Almosen [die aus aufrichtigen Gefühlen gegeben werden sollen] nicht eitel durch Vorhalten und Anspruch.« (2:265)

Das Wort *Sadaqa* (Almosen) in diesem Verse ist von *Sidq* (Aufrichtigkeit) abgeleitet worden, welches bedeutet, daß Almosen und Wohltat ohne Aufrichtigkeit ihren Sinn verlieren und zur bloßen Schau werden. Kurz, eine Wohltat auf der zweiten Stufe (*Ihsan*) leidet unter dem Mangel, daß der Wohltäter manchmal geneigt ist, in einem unbeherrschten Augenblick seine Gunsterweisung in Erinnerung zu rufen. Aus diesem Grunde hat Gott die Wohltäter ermahnt (eine Wohltat nicht durch Vorhaltung und Anspruch zunichte zu machen).

Die dritte Stufe des Gutes-Tuns ist die ›Verwandtengüte‹, d. h. Gutes tun wie gegenüber den Verwandten. Gott sagt, daß man auf dieser Stufe seine Wohltat weder als Gunsterweisung ansehen noch dafür irgendwelche Anerkennung erwarten solle, sondern seine Mildtätigkeit soll reinem Mitgefühl entspringen, wie man es gegenüber nahen Verwandten hegt, z. B. eine Mutter ihrem Kinde gegenüber. Dies stellt die höchste und letzte Stufe der Güte dar, die nicht übertroffen werden kann. Aber Gott hat eine jede Stufe einer grundsätzlichen Voraussetzung unterstellt, nämlich daß sie bei zweckmäßiger Gelegenheit zum Ausdruck gebracht werden soll. Er legt in diesem Vers in klaren Worten dar, daß die edlen Eigenschaften, wenn nicht mit Sorgfalt geübt, aus ihrer Art schlagen und sich zum Bösen wenden können. *Adl*, oder ›gegenseitige Güte‹, würde zu einem ungehörigen Übermaß, *Fahscha* (›Anstößiges‹) genannt, führen, das Schaden anstatt Nutzen bringt; *Ihsan*, oder ›einseitige Güte‹, würde zu etwas, was gegen das Gewissen verstößt und vor dem die Vernunft zurückschreckt (*Munkar*); die gute Eigenschaft *Ita-e-zil Qurba*, oder ›*Mitleid wie bei den Blutsverwandten*‹, würde zu *Baghy*, d. h. ›*unangemessenes Mitgefühl*‹, und würde sich zum Schlechten wenden. *Baghy* ist eigentlich der übermäßige Regen, der die Ernte verwüstet. Mangelhafte Erfüllung einer Pflicht oder eine Übertreibung derselben heißt *Baghy*.

Kurz, keine der drei Stufen der Güte ist wirklich Güte, wenn sie nicht bei passender Gelegenheit zur Anwendung kommt. Darum sind sie der Bedingung der Zweckmäßigkeit unterstellt worden. Ferner müssen wir uns gegenwärtig halten, daß diese drei Stufen – *Adl*, *Ihsan* und *Ita-e-zil Qurba* – an sich keine moralischen Eigenschaften sind. Sie stellen die natürlichen Züge und Veranlagungen des Menschen dar, die auch die Kinder besitzen, bevor sie zur Reife gelangen. Zu einer moralischen Eigenschaft wird Verstand vorausgesetzt, und sie kann nur dann so heißen, wenn sie bei richtigem Anlaß Ausdruck findet.

Über die einseitige Güte (*Ihsan*) liefert der Heilige Qur-ân zahlreiche Unterweisungen. Jede Art von Güte wird in den nachstehenden Absätzen mit dem bestimmten Artikel – welcher im Arabischen *Al* ist – erwähnt, um darauf hinzuweisen, daß es sich nicht einfach um Güte im allgemeinen Sinne handelt, sondern um die Güte, die erwiesen wird:

يَٰٓأَيُّهَا ٱلَّذِينَ ءَامَنُوٓا۟ أَنفِقُوا۟ مِن طَيِّبَٰتِ مَا كَسَبْتُمْ

... وَلَا تَيَمَّمُوا۟ ٱلْخَبِيثَ مِنْهُ (البقرة : ٢٦٨)

لَا تُبْطِلُوا۟ صَدَقَٰتِكُم بِٱلْمَنِّ وَٱلْأَذَىٰ

كَٱلَّذِى يُنفِقُ مَالَهُۥ رِئَآءَ ٱلنَّاسِ

(البقرة : ٢٦٥)

وَأَحْسِنُوٓا۟ إِنَّ ٱللَّهَ يُحِبُّ ٱلْمُحْسِنِينَ (البقرة ١٩٧)

إِنَّ ٱلْأَبْرَارَ يَشْرَبُونَ مِن كَأْسٍ كَانَ مِزَاجُهَا كَافُورًا

عَيْنًا يَشْرَبُ بِهَا عِبَادُ ٱللَّهِ يُفَجِّرُونَهَا تَفْجِيرًا

. . . .

وَيُطْعِمُونَ ٱلطَّعَامَ عَلَىٰ حُبِّهِۦ مِسْكِينًا وَيَتِيمًا

وَأَسِيرًا إِنَّمَا نُطْعِمُكُمْ لِوَجْهِ ٱللَّهِ لَا نُرِيدُ مِنكُمْ جَزَآءً

وَلَا شُكُورًا (الدهر : ٦-١٠)

98

وَاٰتَى الْمَالَ عَلٰى حُبِّهٖ ذَوِى الْقُرْبٰى وَالْيَتٰمٰى وَ
الْمَسٰكِيْنَ وَ ابْنَ السَّبِيْلِ وَالسَّائِلِيْنَ وَفِى الرِّقَابِ
(البقرة : ۱۷۸)

وَالَّذِيْنَ اِذَآ اَنْفَقُوْا لَمْ يُسْرِفُوْا وَلَمْ يَقْتُرُوْا وَكَانَ
بَيْنَ ذٰلِكَ قَوَامًا (الفرقان : ۶۸)

وَالَّذِيْنَ يَصِلُوْنَ مَآ اَمَرَ اللّٰهُ بِهٖۤ اَنْ يُّوْصَلَ
وَيَخْشَوْنَ رَبَّهُمْ وَيَخَافُوْنَ سُوْٓءَ الْحِسَابِ
(الرّعد : ۲۲)

وَفِىۤ اَمْوَالِهِمْ حَقٌّ لِّلسَّائِلِ وَالْمَحْرُوْمِ (الذّٰريٰت : ۳۰)

اَلَّذِيْنَ يُنْفِقُوْنَ فِى السَّرَّآءِ وَ الضَّرَّآءِ
(اٰل عمران : ۱۳۵)

وَاَنْفَقُوْا مِمَّا رَزَقْنٰهُمْ سِرًّا وَّعَلَانِيَةً (الرّعد : ۲۳)

اِنَّمَا الصَّدَقٰتُ لِلْفُقَرَآءِ وَالْمَسٰكِيْنِ وَالْعٰمِلِيْنَ
عَلَيْهَا وَالْمُؤَلَّفَةِ قُلُوْبُهُمْ وَفِى الرِّقَابِ وَالْغَارِمِيْنَ
وَ فِىْ سَبِيْلِ اللّٰهِ وَابْنِ السَّبِيْلِ فَرِيْضَةً مِّنَ
اللّٰهِ وَاللّٰهُ عَلِيْمٌ حَكِيْمٌ (توبه : ۶۰)

لَنْ تَنَالُوا الْبِرَّ حَتّٰى تُنْفِقُوْا مِمَّا تُحِبُّوْنَ
(اٰل عمران : ۹۳)

وَاٰتِ ذَا الْقُرْبٰى حَقَّهٗ وَالْمِسْكِيْنَ وَابْنَ السَّبِيْلِ
وَلَا تُبَذِّرْ تَبْذِيْرًا (بنٓى اسرآئيل : ۲۷)

99

بِالْوَالِدَيْنِ إِحْسَانًا وَبِذِي الْقُرْبَى وَالْيَتْمَى
وَالْمَسَاكِينِ وَ الْجَارِ ذِے الْقُرْبَى وَالْجَارِ الْجُنُبِ
وَالصَّاحِبِ بِالْجَنْبِ وَابْنِ السَّبِيلِ وَمَا مَلَكَتْ
أَيْمَانُكُمْ إِنَّ اللَّهَ لَا يُحِبُّ مَنْ كَانَ مُخْتَالًا
فَخُورًا الَّذِينَ يَبْخَلُونَ وَيَأْمُرُونَ النَّاسَ
بِالْبُخْلِ وَيَكْتُمُونَ مَا أتَاهُمُ اللَّهُ مِنْ فَضْلِهِ
(النساء : ٣٤ : ٣٨)

»O ihr, die ihr glaubt, spendet freigebig, wohltätig oder almosengebend von eurem Reichtum, den ihr rechtmäßig erworben habt – d. h. kein Teil davon sollte durch Diebstahl, Bestechung, Unehrlichkeit, Veruntreuung oder auf andere ungerechte Weise erworben worden sein... « »Und suchet zum Spenden nicht das aus, was unrein ist, d. h. fern soll von euch der Gedanke bleiben, daß ihr Almosen spendet von dem unrechtmäßig Erworbenen.« (2:268)

»Machet eure Almosen nicht zunichte durch Vorhaltung und Anspruch – d. h. erinnert die Begünstigten nicht an eure Wohltat, noch verletzt sie auf irgendeine Weise, denn dadurch würdet ihr eure Güte vereiteln – dem gleich, der von seinem Reichtum spendet, um von den Leuten gesehen zu werden.« (2:265)

»Tut Gutes der Schöpfung Gottes; wahrlich, Gott liebt die Gutes-Tuenden.« (2:196)

»Die wirklich Gerechten werden aus einem Becher trinken, dem Kampfer [›Kafur‹] beigemischt ist – d. h. der Neid, das nagende Bedauern und die unlauteren Wünsche werden von ihren Herzen weggewaschen.« (76:7)

Das Wort *Kafur* (Kampfer) ist von *Kafara* abgeleitet, was im Arabischen heißt: ›unterdrücken‹ oder ›zudecken‹. Der Kampfertrunk bedeutet, daß die unreinen Leidenschaften der

Gerechten unterdrückt, ihre Herzen von jedem Unbill gereinigt, und sie durch die Kühle der Gotteserkenntnis erquickt
werden. Weiter heißt es:

*»Sie werden am Gerichtstag von einer Quelle, die sie
hienieden hervorsprudeln lassen in reichlichem Sprudel,
trinken* (76:7)

Dies wirft Licht auf das tiefe Geheimnis der Philosophie des
Paradieses. Begreife der, wer es will!
Weiter heißt es:

»Die wirklich Gerechten geben Speise [was sie auch
selbst gern essen], *aus Liebe zu Ihm, den Armen, den
Waisen und den Gefangenen, indem sie sprechen: ›Wir
betrachten dies nicht als eine Gunsterweisung an euch,
sondern tun das nur, um dadurch das Wohlgefallen
Gottes zu erlangen. Wir begehren von euch weder Lohn
noch Dank dafür‹!«* (76:9, 10)

Dies bedeutet, daß sie die dritte Stufe des Gutes-Tuns, der
des aufrichtigen Mitleids vollbringen.

*»Die wirklich Rechtschaffenen pflegen, aus Liebe zu
Gott ihren Reichtum für die Angehörigen und für die
Pflege und Erziehung der Waisen und Bedürftigen sowie
für den Wandersmann auszugeben, und für die, die um
eine milde Gabe bitten, und für Loskauf der Gefangenen oder zur Erleichterung der Schuldner, die ihre Schul-
den nicht bezahlen können.«* (2:178)
*»Und die, wenn sie spenden, weder verschwenderisch
noch geizig sind, sondern maßvoll dazwischen.«* (25:68)
*»Und die, welche verbinden, was Gott zu verbinden
geboten, und vor ihrem Herrn erheben...«* (13:22)
*»Und in ihrem Vermögen ist ein Anteil für den, der bat,
wie für den, der es nicht konnte.«* (51:20)

101

Unter ›der es nicht konnte‹ sind alle stummen Tiere zu verstehen, wie Hunde, Katzen, Spatzen, Rinder, Esel, Ziegen und andere.

> *»Die, welche in Zeiten der Drangsal und des Mangels und des Mißerntens, nicht kleinherzig zurückhalten, sondern spenden, auch wenn sie in Bedrängnis sind, soweit sie es können.«* (3:135)
> *»Und die sowohl im Verborgenen wie auch öffentlich spenden.«* (13:23)

Im Verborgenen, auf daß es nicht zur Schau werde, und öffentlich, um auch die anderen dazu zu ermuntern.

> *»Bei den Almosengeldern ist darauf zu achten, daß sie in erster Linie für die Armen und Bedürftigen zu verwenden sind und dann für die mit ihrer Verteilung und Überwachung Beauftragten, ferner für jene, deren Herzen versöhnt werden sollen* (um sie dadurch vor dem Bösen zu behüten), *und für die Befreiung von Sklaven und für die Mittellosen, die Schuldner und die in Bedrängnis Geratenen, sowie für andere Zwecke, die rein Sache Gottes sind…«* (9:60)
> *»Nie könnt ihr zur wahren Rechtschaffenheit gelangen, wenn ihr zur Förderung des Wohlergehens der Mitmenschen nicht spendet von dem, was ihr liebt.«* (3:93)
> *»Gib dem Armen, was ihm gebührt, und ebenso dem Bedürftigen und dem Wandersmann, aber vergeude dein Vermögen nicht verschwenderisch.«* (17:27)

Dieser Vers verbietet die Verschwendung des Geldes in Üppigkeit und Luxus, wie z. B. anläßlich der Hochzeiten und Geburten oder bei Einhaltung anderer derartiger Gebräuche.

> *»Und erweist Güte den Eltern, den Verwandten, den Waisen und den Bedürftigen, dem Nachbarn, der ein*

Anverwandter, und dem Nachbarn, der ein Fremder ist,
und dem Wandersmann und denen, die eure rechte
Hand besitzt, seien sie eure Diener oder Tiere, wie
Pferde, Ziegen, Rinder und andere. Denn das ist, was
euer Gott liebt. Er liebt nicht die Achtlosen und die
Selbstsüchtigen, noch die Geizigen oder solche, die zum
Geiz verleiten, und ihren Reichtum verhehlen, indem sie
den Armen sagen: ›Wir haben nichts‹.« (4 : 37, 38)

Wahre Tapferkeit (Mut)

Unter den natürlichen Zuständen des Menschen gibt es jenen, der dem Mut ähnlich ist, so wie ein kleines Kind manchmal mit seiner Hand ins Feuer zu greifen sucht in seinem
natürlichen Zustand von Furchtlosigkeit.

In diesem Zustand widersetzt sich der Mensch kühn und
furchtlos den Löwen und anderen wilden Tieren, und bei
Kämpfen stellt er sich allein gegen ein Heer, und man weiß,
daß er Mut besitzt. Aber es handelt sich hier eher um einen
natürlichen Zustand, der auch bei wilden Raubtieren und
selbst auch bei Hunden zu beobachten ist. Wahre Tapferkeit
zeigt sich nur nach reifer Überlegung und nach Betrachten
der Zweckmäßigkeit, und erst dann kann sie als die edle und
erhabene moralische Eigenschaft ›Tapferkeit‹ bezeichnet
werden.

Das Heilige Wort Gottes nimmt Bezug auf die Entfaltung
der moralischen Eigenschaft bei passender Gelegenheit wie
folgt:

وَالصّٰبِرِيْنَ فِى الْبَأْسَاءِ وَالضَّرَّاءِ وَحِيْنَ الْبَأْسِ
(البقرة : ١٧٨)

وَالَّذِيْنَ صَبَرُوا ابْتِغَآءَ وَجْهِ رَبِّهِمْ (الرّعد : ٢٣)

103

اَلَّذِينَ قَالَ لَهُمُ النَّاسُ إِنَّ النَّاسَ قَدْ جَمَعُوا
لَكُمْ فَاخْشَوْهُمْ فَزَادَهُمْ إِيمَانًا وَقَالُوا حَسْبُنَا اللَّهُ
وَنِعْمَ الْوَكِيلُ (أل عمران : ١٧٤)

وَلَا تَكُونُوا كَالَّذِينَ خَرَجُوا مِنْ دِيَارِهِمْ
بَطَرًا وَرِئَاءَ النَّاسِ (الانفال : ٤٨)

*»Wahrhaftig tapfer sind die, welche in Kriegszeit und
Trübsal standhaft bleiben.«* (2 : 178)
*»Ihre Standhaftigkeit in Widerwärtigkeit beweisen sie
nur, um Gottes Wohlgefallen zu gewinnen, nicht um etwa
ihre eigene Tapferkeit unter Beweis zu stellen.«* (13 : 23)
*»Wenn Menschen zu ihnen sagten: ›Es haben sich Leute
gegen euch geschart, fürchtet sie drum‹ – so stärkte sie
dies nur in ihrem Glauben, und sie sprachen: ›Unsere
Genüge ist Gott‹... «* (3 : 174)

Ihr Mut gleicht nicht der Verwegenheit der Hunde oder
wilder Tiere. Er ist nicht von den natürlichen Leidenschaften
abhängig und somit nur in eine einzige Richtung zielende
mechanische Bewegung, sondern der Mut der Tapferen birgt
zwei Aspekte. Mit seiner Hilfe überwinden sie einmal die
fleischlichen Begierden, und ein anderes Mal widersetzen sie
sich dem Angriff des Feindes, wo es ratsam ist, doch brüsten
sie sich nicht mit ihrer Kraft, sondern stehen treu im Dienst
der Wahrheit. Überdies vertrauen sie nicht ihrem eigenen
Selbst, sondern setzen ihr Vertrauen in Gott, während sie
ihre Tapferkeit an den Tag legen.

*»Die wahrhaft Tapferen entfalten ihren Mut nicht prahle-
risch oder stellen ihn für andere zur Schau. Ihr einziger
Beweggrund ist vielmehr das Wohlgefallen Gottes.«*
(8 : 48)

104

Diese Verse verdeutlichen, daß der wahre Mut seine Wurzel in Geduld und Standhaftigkeit hat. Seinen Leidenschaften zu widerstehen und standhaft zu bleiben angesichts einer Trübsal, die über einen wie der Angriff eines Feindes hereinbricht, und nicht wie ein Feigling einer Gefahr zu entfliehen, – darin liegt die wahre Tapferkeit.

Der Unterschied zwischen dem Mut eines Menschen und dem eines wilden Tieres ist erheblich. Das Raubtier handelt nur einseitig, einem bedingungslosen Instinkt gehorchend, während der wahrhaftig tapfere Mensch die Wahl zwischen Widerstand und Nachgeben trifft, indem er die Umstände sorgfältig abwägt.

Wahrheitsliebe

Eine der natürlichen Veranlagungen des Menschen ist Wahrheitsliebe. Solange er nicht durch selbstsüchtige Motive dazu bewegt wird, hat der Mensch keinen Wunsch zu lügen. Er bringt der Falschheit eine gewisse Abneigung entgegen und zögert, sich ihrer zu bedienen. Aus diesem Grunde mag er einen Mitmenschen nicht, von dem es klar erwiesen ist, daß er sich einer Lüge bedient hat, sondern verachtet ihn. Aber diese natürliche Neigung allein kann nicht als eine moralische Eigenschaft gewertet werden. Sogar Kinder und geistig Behinderte üben sie aus. Solange sich der Mensch von jenen Zielen nicht lossagt, die ihn daran hindern, die Wahrheit zu sagen, kann er nicht als wahrheitsliebend betrachtet werden. Denn, wenn er nur dort die Wahrheit sagt, wo die Wahrhaftigkeit ihm keinerlei Verlust bedeutet, und wenn er dort lügt oder die Wahrheit verschweigt, wo seine Ehre, sein Eigentum oder Leben in Gefahr sind, ist er nicht besser als die Kinder oder die Schwachsinnigen, denn sagen auch nicht die geistig

Behinderten und Kleinkinder solche Wahrheit? In der Welt
gibt es wohl kaum jemanden, der die Unwahrheit ohne
Beweggrund spricht. Die Wahrhaftigkeit, die man aufgibt,
um einem Verlust zu entgehen, ist keine echte moralische.
Die echte Gelegenheit, die Wahrheit zu sagen, ist diejenige,
bei der man den Verlust von Leben, Eigentum und Ehre
befürchten muß.

Diesbezüglich lehrt Gott folgendes:

فَاجْتَنِبُوا الرِّجْسَ مِنَ الْأَوْثَانِ وَاجْتَنِبُوا
قَوْلَ الزُّورِ (الحج : ٣١)

وَلَا يَأْبَ الشُّهَدَاءُ إِذَا مَا دُعُوا (البقرة : ٢٨٣)

وَلَا تَكْتُمُوا الشَّهَادَةَ وَمَنْ يَكْتُمْهَا فَإِنَّهُ
آثِمٌ قَلْبُهُ (البقرة : ٢٨٣)

وَإِذَا قُلْتُمْ فَاعْدِلُوا وَلَوْ كَانَ ذَا قُرْبَى (الانعام : ١٥٣)

كُونُوا قَوَّامِينَ بِالْقِسْطِ شُهَدَاءَ لِلَّهِ وَلَوْ عَلَى
أَنْفُسِكُمْ أَوِ الْوَالِدَيْنِ وَالْأَقْرَبِينَ (النساء : ١٣٦)

وَلَا يَجْرِمَنَّكُمْ شَنَآنُ قَوْمٍ عَلَى أَلَّا تَعْدِلُوا (المائدة : ٩)

وَالصَّادِقِينَ وَالصَّادِقَاتِ (الاحزاب : ٣٦)

وَتَوَاصَوْا بِالْحَقِّ وَتَوَاصَوْا بِالصَّبْرِ (العصر : ٣)

لَا يَشْهَدُونَ الزُّورَ (الفرقان : ٧٣)

»Meidet darum die Greuel der Götzen, und meidet das
Wort der Lüge.« (22 : 31)

Dies zeigt, daß auch Unwahrheit ein Götze ist, und wer
einem Götzen vertraut, der vertraut nicht Gott, denn durch
eine Lüge verliert man auch Gott.

Weiter heißt es:

> *Wenn ihr gerufen werdet, die Wahrheit zu bezeugen, so sollt ihr euch nicht weigern... «* *»Und haltet nicht Zeugenschaft zurück; wer sie verhehlt, gewiß, dessen Herz ist sündhaft.«* (2 : 283, 284)
>
> *»Und wenn ihr einen Spruch fällt, so sprecht nur das, was ganze Wahrheit ist, und übt Gerechtigkeit, auch wenn es einen nahen Verwandten betrifft.«* (6 : 153)
>
> *»Seid fest in Wahrung der Gerechtigkeit und Wahrheit, und seid Zeugen nur für Gott, mag es auch gegen euch selbst oder gegen eure Eltern und Verwandten, wie Kinder usw. gerichtet sein.«* (4 : 136)
>
> *»Und die Feindseligkeit eines Volkes soll euch nicht zur Ungerechtigkeit und Unwahrheit verleiten.«* (5 : 9)
>
> *»Die wahrhaftigen Männer und die wahrhaftigen Frauen... Gott hat ihnen Vergebung und herrlichen Lohn bereitet.«* (33 : 36)
>
> *»Und einander zur Wahrheit mahnen...«* (103 : 4)
>
> *»Diejenigen, die der Gesellschaft der Lügner nicht beiwohnen.«* (25 : 73)

Geduld

Unter den moralischen Eigenschaften, die sich aus den natürlichen Zuständen herausbilden, ist *Sabr* oder ›Geduld, die man bei Schwierigkeiten, Krankheiten und Trübsal‹ – dem unvermeidlichen Los aller Menschen – zeigt. Nach langem Trauern und Leiden läßt der Kummer nach, und man söhnt sich mit der Zeit mit den Schwierigkeiten aus. Aber es muß uns klar sein, daß dieses Sich-Fügen nicht mit der moralischen Eigenschaft der Geduld zu verwechseln ist, wie uns auch das Heilige Buch Gottes lehrt.

Solche Befriedigung ist eine natürliche Folge der Ermüdung. Es ist natürlich, daß der Mensch unter der Last der Bedrückung zunächst weint und stöhnt, und am Ende, nachdem er seinem Leid Ausdruck verliehen hat, verebbt der erste Schmerz, und eine Beruhigung setzt ein.

Diese beiden Haltungen sind somit natürliche Zustände, die in keinem Sinne die moralische Eigenschaft (Geduld) ausmachen. In diesem Zusammenhang besteht die erhebliche moralische Eigenschaft darin, daß man einen Verlust so betrachtet, als hätte man Gott das zurückgegeben, was Er einst gegeben hatte, so daß es darüber nicht mehr zu klagen gibt. Vielmehr sollte man sich sagen, daß es eine Gabe Gottes war, die Er zurückgenommen hat, so daß man sich dem Ratschluß Gottes fügt. Mit Bezug auf diese moralische Eigenschaft sagt der Qur-ân:

وَلَنَبْلُوَنَّكُمْ بِشَيْءٍ مِنَ الْخَوْفِ وَالْجُوعِ وَنَقْصٍ مِنَ
الْأَمْوَالِ وَ الْأَنْفُسِ وَالثَّمَرَاتِ وَبَشِّرِ الصَّابِرِينَ
الَّذِينَ اِذَا اَصَابَتْهُمْ مُصِيبَةٌ قَالُوا اِنَّا لِلّٰهِ
وَاِنَّا اِلَيْهِ رَاجِعُونَ اُولٰٓئِكَ عَلَيْهِمْ صَلَوَاتٌ
مِنْ رَبِّهِمْ وَ رَحْمَةٌ وَ اُولٰٓئِكَ هُمُ الْمُهْتَدُونَ
(البقرة: ١٥٧ – ١٥٨)

»Wir werden euch prüfen bald mit Furcht, bald mit Hunger, mit Verlust an Gut und Leben und Früchten, d. h. durch Mißerfolge eurer Anstrengungen und Tod eurer lieben Kinder. So gib frohe Botschaft den Geduldigen. Die, wenn ein Unglück sie trifft, sagen, ›Gewiß, Gottes Schöpfung und Sein Gut und Eigentum sind wir, und zu Ihm kehren wir heim‹. Sie sind's, auf die Gnade und Segen träuft von ihrem Herrn, und die rechtgeleitet sind.« (2:156–158)

Diese moralische Eigenschaft heißt Standhaftigkeit oder Geduld und Sich-Fügen in den Willen Gottes. In einem anderen Sinne heißt sie auch Gerechtigkeit. Denn, wenn Gott im Laufe des Lebens eines Menschen Tausende von seinen Wünschen erfüllt und ihm so viel an lebenswichtigen Gütern und Dingen beschert hat, und uns in unserem Leben so häufig Seine Gnaden, die wir unmöglich aufzählen können, auf allerlei Arten erweist, wäre es höchst ungerecht, sollte man sich noch über Unbill beklagen, oder sich deswegen von Seinem Wege abwenden und mit Seinem Willen nicht zufrieden sein, wenn Gott einmal nach Seinem eigenen Willen handelt.

Mitleid

Eine andere Eigenschaft, die der Natur des Menschen entspricht, ist Mitleid für die Schöpfung Gottes. Angehörige jeder Nation und Anhänger jeder Religion hegen natürlich Gefühle für ihre eigenen Leute und gehen manchmal so weit, daß sie oft bedenkenlos den anderen Unrecht zufügen, als wären diese keine Menschen. Dieser Eifer des Mitgefühles kann jedoch nicht als moralische Eigenschaft gewertet werden, sondern sie ist eine instinktive Veranlagung, die wir selbst bei den Vögeln, besonders bei Raben wahrnehmen, wo der Tod eines Artgenossen Tausende zusammenführt.

Um als moralische Eigenschaft bezeichnet werden zu können, muß das Mitgefühl den Grundsätzen der Gerechtigkeit und Billigkeit entsprechen und auch bei passender Gelegenheit Ausdruck finden. Nur dann wird dies als eine hohe moralische Eigenschaft gelten, wie es der arabische und persische Ausdruck *Mawasat* bzw. *Hamdardi* (Mitleid) hevorheben.

Gott weist im Heiligen Qur-ân auf diese Eigenschaft in den folgenden Versen hin:

وَتَعَاوَنُوا عَلَى الْبِرِّ وَالتَّقْوَى وَلَا تَعَاوَنُوا
عَلَى الْإِثْمِ وَالْعُدْوَانِ (المَائدَة : ٣)

وَلَا تَهِنُوا فِي ابْتِغَاءِ الْقَوْمِ (النسَآء : ١٠٥)

وَلَا تَكُنْ لِلْخَائِنِينَ خَصِيمًا (النسَآء : ١٠٦)

وَلَا تُجَادِلْ عَنِ الَّذِينَ يَخْتَانُونَ أَنْفُسَهُمْ إِنَّ
اللهَ لَا يُحِبُّ مَنْ كَانَ خَوَّانًا أَثِيمًا (النسَآء : ١٠٨)

»Helfet einander nur in Sachen der Rechtschaffenheit und Frömmigkeit; aber helfet einander ja nicht, um Unrecht und Übertretung zu fördern.« (5:3)
»Lasset nicht nach in eurem Eifer für euer Volk.« (4:105)
»Und seid nicht Verfechter der Treulosen.« (4:106)
»Und verteidige nicht diejenigen, die ihre Treulosigkeit nicht ablegen. Gott liebt keinen, der ein Betrüger, ein großer Sünder ist.« (4:108)*

---

* Hier erwähnt Hazur zwei Kategorien von Versen. In der ersten befinden sich jene Verse, die das Mitfühlen mit Gottes Schöpfung behandeln sowie die Idee von Mitarbeit im Sinne der Schöpfung durch das Vollbringen guter Taten. In der zweiten Abteilung ist der Diskussionsgegenstand die Bestrafung von Übeltätern, falls dies die Situation erfordert. Die darin enthaltene Botschaft ist, daß Sympathie für die Menschen (Humanität) nicht bedeutet, daß der Missetäter lediglich für seine Vergehen bestraft werde, womit der *Rest der Gemeinschaft* vor seinen Übertretungen gschützt wäre. Ihn zu bestrafen ist tatsächlich ein Gesichtspunkt im Sinne des *gesamten Menschengeschlechts.* (Anmerkung des Verlegers)

Die Suche nach einem Höheren Wesen

Unter den dem Menschen innewohnenden Instinkten, die selbst in seine Natur eingepflanzt worden sind, ist die Suche nach einem Höheren Wesen, zu Dem er sich wie durch eine magnetische Kraft hingezogen fühlt und die auf seine Seele wirkt. Die erste Bekundung dieses Instinkts ist beim Neugeborenen wahrnehmbar, welches, sobald es zur Welt kommt, von dem instinktiven Wunsch geleitet ist, sich seiner Mutter zuzuneigen in natürlicher Liebe. Diese Veranlagung zeigt sich noch deutlicher mit der Entwicklung der Fähigkeiten des Kindes und mit der allmählichen Entfaltung seiner Natur. Es findet keine Ruhe außerhalb des Schoßes der Mutter und keinen Frieden außer durch die zärtliche Liebkosung. Entfernung von der Mutter bedeutet ihm bitteres Weh. Ein Berg von Gaben kann ihm den Verlust seiner Mutter nicht ersetzen. Es findet seine Befriedigung und Ruhe ausschließlich bei seiner Mutter. Nun, was ist diese magnetische Kraft der Liebe, die ein Kind zu seiner Mutter hinzieht?

Diese Anziehungskraft ist derselbe Magnetismus, der in die Seele des Kindes eingepflanzt ist, und der den Menschen hinzieht zu seinem Schöpfer – zum wahren Ziel seiner Liebe. Die Gefühle der Liebe, abgesehen von der Anhänglichkeit, die einem Menschen oder einem Gegenstand bezeugt wird, sind alle auf den Instinkt ›Liebe für den Schöpfer‹ zurückzuführen. Wendet der Mensch seinen Instinkt der Liebe anderen Gegenständen und Geschöpfen zu, so sucht er eigentlich den wahren Brennpunkt seiner Liebe. Es ist, als wäre ihm der Name seines Lieben entfallen, und daher suche er ihn unter jedem anderen Namen, dem er begegnet.

Die Liebe eines Menschen zu seinem Reichtum, seinen Kindern oder zu seiner Ehegattin oder die Verlockung durch eine süße und entzückende Stimme sind nur Zeichen seiner Suche nach dem wahren Ziel der Liebe, das alle Herzen zu sich zieht. Aber der unvollkommene menschliche Verstand kann weder dieses geheimnisvolle Wesen erfassen, noch kann das materielle Auge Es entdecken, Das wie ein Funke in jeder Seele verborgen ist. Daher ist die wahre Erkenntnis Seines Daseins von größten Schwierigkeiten begleitet, und auf der Suche nach ihr werden größte Irrtümer begangen. In Aberglauben und Leichtgläubigkeit huldigt man den vergänglichen Wesen und materiellen Dingen an Stelle dieses hohen Wesens. Der Qur-ân hat dies auf eine schöne Weise veranschaulicht: Er beschreibt die Welt gleichnishaft als Kristallpalast, dessen Boden mit hellem, glänzendem Glas belegt ist. Ein gewaltiger Strom fließt unter diesem durchsichtigen Boden durch. Jedes Auge, das diesen Glasboden wahrnimmt, hält ihn irrigerweise für fließendes Wasser. Man fürchtet sich sogar, auf den Glasboden zu treten, da man ihn für Wasser hält, während der Boden in Wirklichkeit aus hellem, durchsichtigem Glas besteht. Somit sind auch die großen Himmelskörper, die wir sehen, wie Sonne, Mond und dergleichen – die im Irrglauben für anbetungswürdige Gegenstände gehalten wurden – die gleichen klaren, durchsichtigen Glasplatten, unter denen eine große Kraft wie ein schnell fließender Wasserstrom am Wirken ist. Es ist ein großer Fehler von den Leuten, die diese Himmelskörper anbeten, daß sie ihnen etwas zuschreiben, was durch die Kraft offenbart wird, die dahinter steht. Dies ist die Bedeutung des Verses des Qur-âns:

إِنَّهُ صَرْحٌ مُمَرَّدٌ مِنْ قَوَارِيرَ ﴿النمل: ٤٥﴾

»[Dies ist kein Wasser, wovor du dich fürchtest,] *sondern ein Palast, getäfelt und gepflastert mit geglättetem Glas.«* (27 : 45)

Das Wesen Gottes, obwohl es sich deutlich offenbart, ist doch unsichtbar und bleibt dem äußeren Auge verborgen. Das sich vor uns ausbreitende materielle Universum genügt

112

allein nicht, uns zu Seiner Erkenntnis zu verhelfen. Das ist der Grund, warum diejenigen, die sich ausschließlich mit diesem System befassten, und seine vollendete Ordnung und den reibungslosen Ablauf allen Geschehens, sowie die zahllosen Wunder, die sich in der Natur entfalten, sorgfältig beobachteten und die Astronomie, die Physik und die Philosophie gründlich studierten und sozusagen in den Himmel und in die Erde eindrangen, nicht imstande waren, sich von der Finsternis der Zweifel und der bloßen Vermutung zu befreien. Viele von ihnen haben sich in fatale Irrtümer verwickelt und sind weit vom Wege abgekommen – ihren törichten Phantasien folgend. Ihre höchste Vermutung über den Schöpfer, wenn sie je dazu gelangten, erschöpfte sich darin, daß dieses großartige System mit seiner weisen Ordnung einen Schöpfer haben muß. Aber es ist klar, daß diese Mutmaßung unvollständig, und diese Erkenntnis ungenügend ist.

Die Schlußfolgerung ›Muß‹ allein – d. h. die Wahrscheinlichkeit – ist noch kein Beweis für das tatsächliche Dasein Gottes.

Hier haben wir wirklich mit einer unzulänglichen Wissenschaft zu tun, die das Gemüt nicht zu beruhigen und zu befriedigen, und die den Zweifel nicht vollständig zu verbannen vermag. Dies ist auch nicht der bekömmliche Trank, der den natürlichen Durst der Seele nach einer wahren und perfekten Gotteserkenntnis löschen kann. In der Tat ist solche mangelhafte Kenntnis gefahrgeladen, denn sie enthält mehr leeres Gerede als wesentliche Realität.

Solange Gott Sich durch Sein Wort nicht offenbart, wie Er Sich durch Sein Werk (die Natur) offenbart hat, kann das bloße Studium der Natur (Seiner Werke) nicht hinlänglich befriedigen.* Wenn wir zum Beispiel ein Zimmer vorfinden,

---

* D. h., daß ohne das Wort Gottes, können Nachsinnen *über* sowie Einsicht *in* Gesetze der Natur nur unzulänglich sein. (Anm. d. Verl.)

113

dessen Türen von innen verschlossen worden sind, nehmen wir an, daß sich jemand in diesem Zimmer aufhält, der die Türen verriegelt hat, denn offensichtlich ist es ein Ding der Unmöglichkeit, von außen her die Türen von innen zu verriegeln. Wenn aber Jahre verstreichen, ohne daß eine einzige Stimme aus dem Zimmer zu vernehmen ist und keine Antwort selbst auf die wiederholten Aufforderungen von draußen erfolgt, sind wir gezwungen, unsere Ansicht darüber, daß sich wirklich jemand im Zimmer aufhält, zu berichtigen. Wir müssen den Umstand der Verriegelung andern unabgeklärten Ursachen zuschreiben. Ähnlich verhält es sich mit den Philosophen, die bloß das Werk Gottes (die Natur) beobachten und deren gesamte Forschung sich darin erschöpft. Es ist ein großer Irrtum anzunehmen, Gott gleiche einem leblosen Körper, der in der Erde begraben liegt, den herauszugraben Sache des Menschen sei. Wenn Gott nur durch menschliche Anstrengungen ›entdeckt‹ werden kann, kann Er, von diesem Standpunkt aus gesehen, niemals der Mittelpunkt unserer Hoffnungen sein.

Gott ist der, Der seit ewigen Zeiten Sich immer durch Sein klares Wort ›ICH bin da‹ verkündet und die Menschen zu Sich geladen hat. Es wäre eine Anmaßung zu behaupten, daß Gott uns Menschen dankbar sei, weil wir uns die Mühe gegeben haben, Ihn zu ›entdecken‹, und daß Er der Schöpfung nie bekannt geworden wäre, hätten die Philosophen Ihn nicht ›entdeckt‹. Es ist ebenso vermessen wie unwissend, den Einwand vorzubringen: ›Wie kann Gott sprechen? Hat Er dazu eine Zunge?‹ Hat Er denn nicht all die Himmelskörper und die Erde ohne Hilfe der physischen Hände erschaffen? Sieht Er nicht das ganze Universum ohne physische Augen? Hört Er nicht unsere Bitten ohne physische Ohren? Ist es dann nicht notwendig, daß Er auch zu uns sprechen soll?

Ebensowenig stimmt die Behauptung, daß Gott nur in der Vergangenheit gesprochen hat und in der Gegenwart stumm ist. Es steht uns nicht zu, Sein Wort und Sein Gespräch auf eine bestimmte Zeit zu beschränken. Er ist heute noch bereit, Seine Sucher an dem Brunnen Seiner Offenbarungen reichlich laben zu lassen, wie Er es zuvor tat. Die Tore Seiner Gnaden stehen heute noch weit offen, wie sie es jederzeit zuvor waren.

Es ist wahr, daß mit der Offenbarung einer vollkommenen Satzung und mit der für die Führung der Menschen nötigen Gesetze die Menschheit keines neuen religiösen Gesetzes mehr bedarf, und daß alles Prophetentum seinen Höhepunkt in der Person unseres Meisters, des Heiligen Propheten, erlangt hat (der Friede und die Segnungen Gottes seien mit ihm).

Der Grund, warum der Heilige Prophet in Arabien auftrat

Daß das letzte himmlische Licht sich von Arabien her offenbaren sollte, entsprach der Vorsehung Gottes, und wir erkennen Seine Weisheit darin. Die Araber sind die Nachkommen Ismaëls, die sich von den Israëliten völlig getrennt und unter göttlicher Weisheit in der Wildnis des Paran angesiedelt hatten. Paran (arabisch: *Farran*) bedeutet: ›zwei Fliehende‹. Jene, die Abraham selbst von den übrigen Israëliten getrennt hatte, sollten keinen Anteil an dem Gesetz Israëls (Thora) haben, wie es geschrieben steht, daß sie nicht Miterbe Isaaks sein werden.

Sie waren also von ihren Blutsverwandten abgesondert und hatten keine Beziehungen zu den anderen Stämmen. In allen Ländern waren Spuren der Gottesdienste und religiösen Gesetze zu sehen, die darauf hinweisen, daß jene Völker einst ihre Lehren von den Propheten erhalten hatten. Arabien war das einzige Land, dem solche Glaubenslehren völlig unbekannt waren, und es war auch das rückständigste aller Länder.

Als letztes kam dann Arabien an die Reihe, und es wurde

dazu bestimmt, Ausgangspunkt einer weltweiten Sendung durch einen Propheten zu werden, damit dieser alle Länder der Erde erneut der Segnungen des Prophetentums teilhaftig werden lasse und die Irrtümer, die sich eingenistet hatten, richtigstellen möchte. Wieso sollen wir daher ein anderes Gesetz erwarten nach diesem vollkommenen Buche, das eine gründliche Reformation der Menschheit bezweckte und, im Gegensatz zu den früheren Büchern, sich nicht auf ein Volk beschränkte, sondern die allmähliche Reformation aller Völker unternahm? Dieses Buch setzte sich mit den sämtlichen Stufen der Erziehung des Menschen auseinander. Es unternahm die Zivilisierung der Wilden und hob sie zu den gesellschaftsfähigen Menschen empor, indem es ihnen die Regeln der guten Gesellschaft beibrachte. Dann erzog es diese Menschen zu hoher Moral.

Was die Welt dem Heiligen Qur-ân verdankt

Es ist eine Wohltat des Qur-âns für die Menschheit, daß er den wahren Unterschied zwischen den natürlichen Neigungen und den moralischen Eigenschaften hervorhob. Er begnügte sich nicht allein damit, die Menschen von der Stufe der natürlichen Instinkte zu der edlen Stufe der hohen Moral zu führen, sondern er verhalf auch dem Menschen dazu, einen Schritt weiter zu tun, um die geistigen Höhen zu erklimmen. Nicht nur öffnete er die Türen der heiligen Gotteserkenntnis, sondern er brachte auch Hunderte von Tausenden ans Ziel. Auf diese Weise lieferte er vorzügliche Weisungen über die dreistufige Förderung des Menschen, die ich vorhin behandelt habe.

Da der Heilige Qur-ân alle Lehren lückenlos umfaßt, die zur religiösen Erziehung notwendig sind, hat er die Behauptung aufgestellt, durch ihn sei der Kreis der religiösen Lehren endgültig geschlossen worden. Er sagt also:

اَلْيَوْمَ اَكْمَلْتُ لَكُمْ دِيْنَكُمْ وَ اَتْمَمْتُ عَلَيْكُمْ
نِعْمَتِىْ وَرَضِيْتُ لَكُمُ الْاِسْلَامَ دِيْنًا (المَائِدَة: ٤)

»Heute habe Ich eure Glaubenslehre für euch vollendet
und Meine Gnade an euch erfüllt und euch den Islam
zum Bekenntnis erwählt.« (5:4)

Somit stellt der Islam den Höhepunkt der Religion dar, der darin besteht, daß man sich völlig dem Willen Gottes ergibt und seine Erlösung nur durch die Aufopferung seines Selbst sucht, und in keiner anderen Weise. Diese Aufopferung bleibt nicht bloße Theorie, sondern man setzt sie in die Tat um. Dies ist der Punkt, in den jede Vorzüglichkeit gipfelt. Somit hat der Qur-ân den wahren Gott vorgestellt, Den die Philosophen nicht erkennen konnten. Der Qur-ân deutet auf zwei Arten hin, um Gotteserkenntnis zu erlangen. Erstens lehrt er den Weg, durch den der menschliche Verstand gestärkt und verfeinert wird, indem er die Beweise für das Dasein Gottes aus den Naturgesetzen folgert, und man somit vor Irrtum bewahrt bleibt. Zweitens weist er auf die geistige Methode hin, worauf wir im dritten Teil der ersten Frage (d. h. betreffs der geistigen Zustände des Menschen) bald zurückkommen werden.

Beweise von Gottes Dasein

Der Qur-ân liefert ausgezeichnete und unvergleichliche, dem menschlichen Verstand entsprechende Beweise über das Dasein Gottes. An einer Stelle sagt er:

رَبُّنَا الَّذِىْ اَعْطَى كُلَّ شَىْءٍ خَلْقَهُ ثُمَّ هَدَى (طٰه: ٥١)

»Unser Herr ist der, Der jedes Ding mit den entsprechen-
den Fähigkeiten ausstattete und dann es zur Verwirkli-
chung seiner Bestimmung leitete.« (20:51)

Behalten wir uns die Bedeutung dieses Verses im Auge, und
betrachten wir die Beschaffenheit aller Geschöpfe, vom Menschen bis hin zu allen Lebewesen auf Land und Wasser,
einschließlich der Vögel, so sind wir beeindruckt von der
Allmacht Gottes, Der jedem Geschöpf die Gestalt gab, die
seiner Eigenart angepaßt ist.

Jeder Leser kann für sich Bücher darüber lesen, denn dies
ist ein tiefgreifendes, weitgehendes Thema.

Einen anderen Beweis für das Dasein Gottes leitet der
Qur-ân von der Tatsache her, daß Gott die Ursache oder der
Urgrund ist. So erklärt der Qur-ân:

$$\text{(۳۳: النجم)} \quad \text{وَأَنَّ إِلَىٰ رَبِّكَ الْمُنتَهَىٰ}$$

»Dein Herr ist die letzte Ursache aller Ursachen.« (53:43)

Bei einer genauen Betrachtung kommen wir zu dem Schluß,
daß ein System von Ursache und Wirkung das ganze Universum durchdringt. Dieses System ist es, das hinter jedem
Wissen und jeder Wissenschaft steht. Kein Bereich der Schöpfung ist da, der außerhalb dieses Systems wäre. Die einen
dienen als Wurzel für andere, während die anderen Zweige
sind. Eine Ursache, die an sich nicht ursprünglich ist, kann als
Wirkung einer anderen Ursache bezeichnet werden, und
diese ihrerseits kann auf noch eine andere Ursache zurückgeführt werden, und so fort. Aber da die Serie von Ursache und
Wirkung, die wir in dieser begrenzten Welt sehen, nicht
unbegrenzt sein kann, muß sie irgendwo enden. Notgedrungen müssen wir die Tatsache anerkennen, daß diese Kette
bei der letzten Ursache, der Ursache aller Ursachen, aufhört.

Diese letzte Ursache ist Gott. Der angeführte Vers legt mit seinen knappen Worten dieses Argument dar und erklärt, daß das System von Ursache und Wirkung sein Ende bei Gott findet.

Einen weiteren Beweis für das Dasein Gottes kleidet der Heilige Qur-ân in die folgenden Worte:

لَا الشَّمْسُ يَنْبَغِى لَهَاۤ اَنْ تُدْرِكَ الْقَمَرَ وَلَا الَّيْلُ سَابِقُ النَّهَارِ وَكُلٌّ فِى فَلَكٍ يَسْبَحُوْنَ (يسٓ : ٤١)

»Nicht geziemte es der Sonne, daß sie den Mond einholte, noch darf die Nacht – die eine Manifestation des Mondes ist – dem Tag – der eine Manifestation der Sonne ist – zuvorkommen. Sie schweben – ein jedes in seiner Sphäre, die sie nicht verlassen können.« (36 : 41)

Würden diese Himmelsordnungen nicht von einem überirdischen Hüter geleitet, wären sie bald in Verwirrung gebracht und vernichtet. Dieses Argument ist den Astronomen von großem Nutzen. Die riesigen Massen der Himmelskörper rollen im Raum reibungslos, und die geringste Abweichung in ihrer Bahn hätte die Zerstörung dieser Welt zur Folge. Welch eine Kundgebung der Allmacht Gottes ist es, daß diese zahllosen Himmelskörper, seit urdenklichen Zeiten kreisend, weder zusammenstoßen, noch ihren Lauf und ihre Geschwindigkeit um den kleinsten Grad ändern, noch infolge der fortdauernden Bewegung sich abnützen oder in Verfall geraten? Wie könnte ein solch großartiger Mechanismus alle Zeiten hindurch von sich aus reibungslos arbeiten, wenn er nicht von einem vernünftigen Wächter geleitet würde?

Gott verweist auf diese vollendete Weisheit, indem Er an einer anderen Stelle im Qur-ân erklärt:

اَفِى اللّٰهِ شَكٌّ فَاطِرِ السَّمٰوٰتِ وَالْاَرْضِ (ابراهيم : ١١)

»Kann es einen Zweifel geben über Gott, den Schöpfer solch wunderbarer Himmelskörper und solch wunderbarer Erde?« (14:11)

Einen anderen feinen Beweis über Sein Dasein liefert Er im Vers:

كُلُّ مَنْ عَلَيْهَا فَانٍ وَ يَبْقَى وَجْهُ رَبِّكَ
ذُو الْجَلَلِ وَالْإِكْرَامِ (الرحمن : ٢٧ ـ ٢٨)

»Alles wird vergehen. Aber es bleibt das Angesicht deines Herrn – des Herrn der Majestät und Ehre.« (55:27, 28)

Wenn wir annehmen, die Erde löse sich in Nichts auf, die Himmelskörper würden zerfetzt, und ein verheerender Sturmwind würde das ganze System erfassen und jede Spur von den Himmelskörpern hinwegfegen, sagt uns die Vernunft und das gesunde Gewissen hält es für notwendig, daß Etwas die ganze Zerstörung dennoch überleben sollte, das Unsterbliche, das keiner Änderung und keinem Verfall unterworfen ist, sondern Seinen ewig-ursprünglichen Zustand beibehält. Dieses Wesen ist Gott, Der alles Vergängliche erschuf und Selbst unvergänglich bleibt.

An einer anderen Stelle führt Gott im Qur-ân den folgenden Beweis über Sein Dasein an:

أَلَسْتُ بِرَبِّكُمْ قَالُوا بَلَى (الاعراف : ١٤٣)

»Gott fragte die Seelen: ›Bin Ich nicht euer Herr?‹, da antworteten sie: ›Doch!‹« (7:173)

Gott erwähnt in diesem Verse in Form von Frage und Antwort einen Charakterzug der Seele, den Er in ihre Natur eingepflanzt hat, nämlich, daß die Seele ihrer Natur nach

120

Gott nicht verneinen kann. Jene, die das Dasein Gottes leugnen, tun dies, weil sie wähnen, es fehlten Beweise über Sein Dasein. Doch müssen sie zugeben, daß jede Wirkung nach einer ihr entsprechenden Ursache ruft oder daß jede Schöpfung einen Schöpfer haben muß. Kein vernünftiger Mensch in der Welt ist der Meinung, daß eine gewisse Krankheit keiner Ursache zuzuschreiben ist. Wäre das System dieses Universums nicht untrennbar mit dem Grundsatz von Ursache und Wirkung verbunden, so würden alle Berechnungen, die eine Voraussage über den Zeitpunkt eines Wirbelsturmes ermöglichen, oder einer Sonnen- oder Mondfinsternis oder darüber, daß ein Patient zu einem bestimmten Zeitpunkt sterben würde, oder daß eine Krankheit beim Erreichen eines bestimmten Grades eine andere Krankheit hervorrufen würde, unmöglich.

Ein Forscher, auch wenn er die Person Gottes verneint, anerkennt Sein Dasein indirekt, indem auch er, wie wir, auf der Suche nach den Ursachen von Wirkungen ist. Das ist eine Art Eingeständnis des Daseins Gottes, wenn auch ein unvollkommenes. Darüberhinaus würde ein Verneiner des Daseins Gottes, falls er bewußtlos werden würde und somit von seinen irdischen Wünschen und Motiven vollständig befreit wäre und ausschließlich unter der Führung eines Höheren Wesens stünde, in diesem Zustand das Dasein Gottes anerkennen und es nicht leugnen. Anerkannte Fachleute haben diese Erfahrungen bezeugt. Darauf weist der angeführte Vers hin, welcher besagt, daß die Verneinung Gottes die Folge des Überhandnehmens niedriger Begierden des Menschen ist und daß die reine, ursprüngliche Natur des Menschen die Existenz Gottes nur bejaht.

Die Attribute Gottes

Dies sind nur einige Beispiele der Beweise über die Existenz
Gottes. Nun kommen wir auf die Attribute Gottes zu sprechen, zu Dem der Heilige Qur-ân uns aufruft. Es folgen
einige dieser Attribute:

هُوَ اللهُ الَّذِى لَآاِلٰهَ اِلَّا هُوَ عٰلِمُ الْغَيْبِ
وَ الشَّهَادَةِ هُوَ الرَّحْمٰنُ الرَّحِيْمُ (الحشر: ٢٣)

*»Er ist Gott, der Eine, außer Ihm gibt es keinen Gott,
der anbetungswürdig wäre – oder der unseren Gehorsam fordern könnte.«* (59:23)

Hier wird ausgesagt, daß Er keinen Partner oder Nebenbuhler
hat, damit der Gedanke nicht aufkomme, daß Er einmal
durch einen Rivalen besiegt werden könnte, und somit Seine
Gottheit ständig in Gefahr wäre.

Das Wort ›anbetungswürdig‹ bedeutet, daß Er ein vollkommener Gott ist; Seine Attribute, Seine Schönheit und Seine
Vorzüglichkeiten sind so hoch und erhaben, daß kein aus den
Wesen dieser Welt erwählter ›Gott‹ und keine Vorstellung
der höchsten und trefflichsten Eigenschaften Seine Vollkommenheit und die Herrlichkeit Seiner Attribute zu erreichen
vermöchten. Würde man einen Partner oder Rivalen neben
den wahren Gott stellen und ihn in Seine Anbetung miteinbe-
ziehen, wäre dies das größte Unrecht.

Das andere Attribut Gottes ist ›Der Kenner des Ungesehenen‹, d. h. Er allein kennt Sich Selbst, und kein anderer kann
Sein Wesen erfassen. Die Sonne, den Mond und die übrige
Schöpfung können wir in ihrer Ganzheit begreifen, nicht
aber Gott in Seiner Ganzheit. Er ist der Kenner aller Dinge,
vor Dem nichts verborgen bleibt. Es wäre mit Seinem Gott-

Sein unvereinbar, wenn Er Seine eigene Schöpfung nicht kennen würde. Er blickt auf die kleinsten Teile dieses Universums, was der Mensch nicht zu tun vermag. Er weiß genau, wann Er das Universum vernichten wird, und wann das Letzte Gericht stattfinden wird.

Niemand außer Ihm verfügt über dieses Wissen. Gott allein ist der, Der den Zeitpunkt aller Geschehnisse weiß: Er ist *Al-Rahman* (der Gnädige) – Er schafft für Seine Geschöpfe alle Annehmlichkeiten aus Seiner freigiebigen Gnade und nicht etwa als Entgelt für das, was sie verdient hätten, sogar bevor sie zur Welt kommen. Zum Beispiel, Er schuf für uns die Sonne, die Erde und die zahlreichen anderen Dinge, bevor wir geboren waren und uns diese Gaben durch eigene Werke verdient hätten. Diese Seine Gabe wird im Buche Gottes mit *Rahmaniyyat* (Erweisen der Gnade) bezeichnet, und dieser Eigenschaft wegen nennen wir Ihn *Al-Rahman* (den Gnädigen).

Gemäß einem anderen Attribut heißt Gott *Al-Rahim*, oder: ›Der die guten Taten reichlich belohnt und die Arbeit keines Seiner Geschöpfe zunichte macht‹. Sein entsprechendes Attribut, das sich auf diese Weise ausdrückt, nennt sich *Rahimiyyat* (Barmherzigkeit) und gibt Ihm den Namen *Al-Rahim* (Der Barmherzige).

Ein weiteres Attribut Gottes heißt *Malik-e-yaumiddin*, d. h. ›Der Herr des Gerichtstages‹ (1:4). Mit anderen Worten, Er Selbst richtet die ganze Welt. Er hat die Herrschaft über die Erde und die Himmel keinem anderen Wesen übertragen und Sich somit nicht von dieser Aufgabe zurückgezogen, so daß Er damit nichts mehr zu tun hätte. Er hat die Verwaltung nicht einem Beauftragten anvertraut, der allein für alle Zeiten zuständig für das Gericht sein sollte.

Weiter heißt es, daß Er *Al-Malik ul-Quddus*, oder ›Der König ohne Schatten, Fehl oder Mangel‹ ist. Es ist klar, daß das Königreich eines Menschen nicht ohne Makel ist. Zum

Beispiel, wenn die Untertanen eines irdischen Herrschers das Land verlassen und in ein anderes Land auswandern, so wird dadurch seinem Reich ein Ende gesetzt.

Oder: Bei einer allgemein herrschenden Hungersnot würden alle Einnahmequellen versiegen. Im Falle eines Aufstandes seitens der Regierten würde die Souveränität des Herrschers in Frage gestellt, so daß er seine Autorität nicht begründen und seine Herrschaft nicht rechtfertigen könnte. Gottes Souveränität aber ist nicht dieser Art. Er hat die Macht, die ganze Schöpfung zunichte zu machen und an ihre Stelle eine neue wachzurufen. Wäre Er nicht der allmächtige Schöpfer, könnte Er Seine Herrschaft nur durch Unrecht aufrechterhalten. Hätte Er zum Beispiel den Menschen einmal verziehen und ihnen Erlösung gewährt, wäre Er nicht mehr imstande, eine neue Welt zu erschaffen, es sei denn, Er würde die einmal erlösten Menschen wieder in die Welt zurückschicken, um über sie nochmals richten zu können. In diesem Fall müßte Er Seine einmal gewährte Verzeihung und Erlösung ungerechterweise rückgängig machen und die Seelen wieder zur Strafe in die Welt schicken. Dieses Verhalten wäre indes unvereinbar mit der Vollkommenheit Gottes und würde Ihn den befleckten, irdischen Herrschern gleichstellen, die für ihre Untertanen immer neue Gesetze erlassen und immer wechselhaft handeln; und wenn sie, ihrer Selbstsucht folgend, sich gezwungen sehen, Zuflucht zur Bedrückung und Ungerechtigkeit zu nehmen, haben sie keine Gewissensbisse.

Das weltliche Gesetz läßt es zum Beispiel zu, ein Boot samt seinen Passagieren sinken zu lassen, um die Sicherheit eines größeren Schiffes zu gewährleisten, und dadurch einen erheblichen Verlust an Leib und Gut in Kauf zu nehmen. Aber Gott gerät nie in eine solche Zwangslage. Wäre Gott nicht der Allmächtige, und unfähig, aus dem Nichts zu erschaffen, dann sähe Er Sich gezwungen, anstatt Seine Macht

zu entfalten, entweder Zuflucht zur Unterdrückung zu nehmen, wie die schwachen irdischen Herrscher, oder, wenn Er
gerecht sein möchte, Seine Gottheit aufzugeben. Nein, das
großartige Schiff Seiner Allmacht treibt über den Ozeanen
der Gerechtigkeit und der Gnade.

Das nächste Attribut Gottes ist in Seinem Namen *Assalam*
(›Quelle des Friedens‹) enthalten. Er ist gegen alle Unzulänglichkeiten, Widerwärtigkeiten und Unbill gefeit, und Er gewährt allen Sicherheit. Die Bedeutung dieses Attributes ist
augenfällig; denn, wäre Er Selbst dem Leiden und der Widerwärtigkeit unterworfen, oder könnte Er von anderen getötet
werden, oder wäre Er nicht imstande, Seine Pläne durchzu-
führen, würde kein Herz zu Ihm aufblicken bei Unglück und
Betrübnis, und niemand Hoffnung zur Rettung in Ihn setzen.

Gott sagt folgendes über die falschen Gottbilder:

$$\text{اِنَّ الَّذِيْنَ تَدْعُوْنَ مِنْ دُوْنِ اللهِ لَنْ يَّخْلُقُوْا}$$
$$\text{ذُبَابًا وَّلَوِ اجْتَمَعُوْا لَهُ وَاِنْ يَّسْلُبْهُمُ الذُّبَابُ}$$
$$\text{شَيْئًا لَّا يَسْتَنْقِذُوْهُ مِنْهُ ضَعُفَ الطَّالِبُ وَ}$$
$$\text{الْمَطْلُوْبُ مَا قَدَرُوا اللهَ حَقَّ قَدْرِهٖ اِنَّ اللهَ لَقَوِيٌّ}$$
$$\text{عَزِيْزٌ (الحج : ٧٤-٧٥)}$$

»*Gewiß, jene, die ihr anruft anstatt Gott, werden in
keiner Weise vermögen, auch nur eine Fliege zu erschaffen, sollten sie sich auch zusammentun zu diesem Zwek-
ke. Und wenn die Fliege ihnen etwas raubte, sie könnten
es ihr nicht entreißen. Ihre Anbeter sind schwach im
Verstand, und sie selbst besitzen keine Macht. Können
solche machtlosen Wesen Gott sein? Der wahre Gott ist
aber Der, Der mächtiger ist als jeder Mächtige, und Der
alles andere übertrifft, Der weder gefangen noch getötet
werden kann. Jene, die solchen Irrtümern verfallen,
begreifen Gott nicht nach Seinem Wert.*« (22 : 74, 75).

Gott gewährt Sicherheit und offenbart durch Seine Attribute die Beweise Seiner Einheit und Vorzüglichkeit. Dies hebt hervor, daß ein Gläubiger, der an den wahren Gott glaubt, sich in keiner Gesellschaft verlegen fühlen muß, denn er besitzt starke Beweise und muß sich vor Gott niemals schämen. Der Anbeter eines falschen Gottbildes hingegen ist in großer Verlegenheit. Um nicht lächerlich zu erscheinen, bezeichnet er jede sinnlose Behauptung als tiefes Geheimnis und will damit seine sichtbaren Absurditäten und Irrtümer verbergen.

Dieser teilweise angeführte Vers setzt die Aufzählung der Attribute Gottes fort:

$$\text{الْمُهَيْمِنُ الْعَزِيزُ الْجَبَّارُ الْمُتَكَبِّرُ}\ \text{(الحشر: ٢٣)}$$

$$\text{هُوَ اللهُ الْخَالِقُ الْبَارِئُ الْمُصَوِّرُ لَهُ الْأَسْمَاءُ}$$
$$\text{الْحُسْنَى يُسَبِّحُ لَهُ مَا فِي السَّمٰوٰتِ وَالْأَرْضِ}$$
$$\text{وَهُوَ الْعَزِيزُ الْحَكِيمُ}\ \text{(الحشر: ٢٥)}$$

»Wächter über alles, der jede Macht Übertreffende. Verbesserer jeder Gebrechlichkeit und Wiederhersteller eines jeden Verlustes und über jedes Bedürfnis Erhabener... Er ist Gott, der Schöpfer der Körper, der Bildner der Seelen, der Gestalter des Bildes im Mutterschoß. Sein sind alle denkbar schönsten Namen. Sowohl die Bewohner der Himmelskörper wie auch die Bewohner der Erde huldigen Ihm, und Er ist der Allmächtige, der Weise.« (59 : 24, 25)

Dieser Vers deutet an, daß auch die Himmelskörper bewohnt, und deren Bewohner den göttlichen Gesetzen unterstellt sind.

Ferner sagt der Heilige Qur-ân, daß Gott die Macht hat, alles zu tun, was Er will (2:21). Dies ist der große Trost für die Diener des wahren Gottes, denn, wenn Gott Selbst schwach und machtlos wäre, wie hätte man Ihn zum Mittelpunkt seiner Hoffnungen machen können?

Anderswo lesen wir:

رَبِّ الْعَلَمِينَ الرَّحْمَنِ الرَّحِيمِ مَلِكِ يَوْمِ الدِّينِ (الفاتحه ٢-٤)

أُجِيبُ دَعْوَةَ الدَّاعِ إِذَا دَعَانِ (البقرة : ١٨٤)

اَلْحَيُّ الْقَيُّومُ (أل عمران : ٣)

»Der Ernährer, der Erhalter und Erzieher aller Welten, der Barmherzige, der Gnädige, der Herr des Gerichtstages – das heißt, Er hat die Befugnisse des Gerichtstages niemandem übertragen.« (1 : 2–4)

Weiter:

»Er erhört die Bitten jedes und antwortet darauf. Das heißt, Er ist Erhörer der Gebete,« (2 : 187)

Ferner:

»Der immer Lebende, das Leben jedes Lebens, die Stütze des Alls.« (2 : 256)

Hier wird Gott als der Ewige und der Immerlebende bezeichnet, um den Gedanken, Er könne vor Seinen Geschöpfen sterben und die Diener ohne einen Meister zurücklassen, vollauf zu bannen.

Weiter:

قُلْ هُوَ اللهُ أَحَدٌ اللهُ الصَّمَدُ لَمْ يَلِدْ وَلَمْ يُولَدْ وَلَمْ يَكُنْ لَهُ كُفُوًا أَحَدٌ (الاخلاص : ٢-٥)

»Er ist der Eine Gott, der Einzige; Er zeugt nicht noch wurde er Selbst gezeugt, noch gibt es ein anderes Wesen, das Ihm gleich sein könnte.« (112 : 2–5)

Gerechtigkeit dem wahren Schöpfer gegenüber besteht darin, daß wir gewissenhaft an die Einheit Gottes glauben und von diesem Wege nicht im geringsten abweichen. Die moralischen Unterweisungen, die hier behandelt worden sind, bilden einen Teil der ethischen Lehre des Qur-âns. Der Grundgedanke dieser Lehre ist, daß Gott unsere Handlungen erst dann moralisch nennt, wenn diese von Übermaß und Mangel vollkommen frei sind. Jede Entfaltung der Moral heißt eine moralische Eigenschaft, wenn sie dem Gesetz der Zweckmäßigkeit unterstellt ist. Es ist offensichtlich, daß die Tugend im goldenen Mittelweg liegt. Anders gesagt, die Tugend ist die Mitte zwischen zwei Extremen – zwischen Übermaß und Mangel. Jede Tat oder Gewohnheit, die den Menschen dem Mittelweg zuführt und ihn darauf festhält, erzeugt gute Moral. Den richtigen Platz und die passende Gelegenheit wahrzunehmen ist selbst die Mitte. Der Bauer, der seine Saat zu früh oder zu spät ausstreut, weicht vom Mittelpfad ab. Tugend, Wahrhaftigkeit und Weisheit – alles liegt auf dem goldenen Mittelweg, und dieser seinerseits besteht in Angemessenheit und Zweckmäßigkeit. Anders ausgedrückt: Zwischen zwei Irrtümern, die auf entgegengesetzten Extremen liegen, liegt der Mittelweg der Wahrheit. Es besteht kein Zweifel darüber, daß man nur dann auf dem Mittelweg bleiben kann, wenn man auf den geeigneten Augenblick achtet.

In bezug auf die Erkenntnis des Daseins Gottes besteht das Mittel darin, daß wir bei der Erläuterung der Attribute Gottes einerseits nicht dazu neigen, diese überhaupt zu verneinen, und anderseits, daß wir die Ansicht verwerfen, daß Gott mit den materiellen Wesen zu vergleichen sei.

Dies ist die Stellungnahme des Heiligen Qur-âns bezüglich der Attribute Gottes. Er anerkennt Gott als den Sehenden, den Hörenden, den Wissenden, den Redenden usw., er warnt uns aber gleichzeitig davor, daß wir Ihn nicht mit Seiner

Schöpfung gleichstellen dürfen. Er sagt also:

$$لَيْسَ كَمِثْلِهِ شَىْءٌ (المشورى : ١٢)$$

$$فَلَا تَضْرِبُوا لِلّٰهِ الْأَمْثَالَ (النحل : ٧٥)$$

»*Nichts gibt es Seinesgleichen.*« (42:12)
»*So präget keine Gleichnisse für Gott.*« (16:75)

Dies bedeutet, daß niemand mit Gott Seine Person und Seine
Attribute teilt und daß Er keine Ähnlichkeit mit Seiner Schöpfung aufweist. Gott müssen wir uns als zwischen Gleichnis
und Erhabenheit vorstellen, denn das ist der Mittelweg.

Der Islam befolgt den goldenen Mittelweg in all seinen
Lehren. Die Eröffnungs-Sura *Al-Fateha* schärft uns ebenfalls
den Mittelweg ein, indem sie das Gebet lehrt:

$$اِهْدِنَا الصِّرَاطَ الْمُسْتَقِيمَ صِرَاطَ الَّذِينَ أَنْعَمْتَ عَلَيْهِمْ$$

$$غَيْرِ الْمَغْضُوبِ عَلَيْهِمْ وَلَا الضَّالِّينَ (الفاتحه)$$

»*Führe uns auf den rechten Weg; den Weg derer, denen
Du Deinen Segen gewährt hast, die nicht Dein Mißfallen erregt haben, und die nicht irregegangen sind.*« (1:7)

Die ›Dein Mißfallen erregt haben‹ sind jene, die, ihren eigenen unbeherrschten Neigungen folgend, eine zornige Haltung Gott gegenüber einnehmen. Der Ausdruck ›die Irregegangenen‹ bezeichnet jene, die den rechten Weg dadurch
verlieren, daß sie ihren primitiven Neigungen und Täuschun-
gen folgen. Auf dem Mittelweg befinden sich diejenigen, die
der Qur-ân als ›denen Du Deinen Segen gewährt hast‹ kenn-
zeichnet. Kurz: der Qur-ân schreibt für die muslimische Gemeinde den Mittelweg vor.

In der *Thora* hatte Gott auf Vergeltung Gewicht gelegt, und
in den Evangelien hob Er Nachsicht und Verzeihung hervor.

Aber den Muslimen wurden Angemessenheit und Mittelweg eingeschärft, wie es heißt:

$$وَكَذٰلِكَ جَعَلْنٰكُمْ أُمَّةً وَسَطًا (البقرة : ١٤٣)$$

»Wir haben euch auf den Mittelweg gesetzt und euch den goldenen Mittelweg in allen Dingen gelehrt.« (2 : 144)

Glückselig sind die, welche diesen Weg begehen, denn, wie der arabische Ausdruck heißt: ›Der goldene Mittelweg ist das beste‹.

Die dritte Stufe:
Die geistigen Zustände des Menschen

Nun wenden wir uns der dritten Stufe der menschlichen Entwicklung zu, der Frage: Was sind die geistigen Zustände? Wir haben schon eingangs festgestellt, daß dem Qur-ân zufolge die Quelle der geistigen Zustände die ›beruhigte Seele‹ (*Nafs-e-mutma'inna*) ist, die den Menschen von der Stufe des Moralischen zur Stufe des Gottnahen leitet, wie Gott der Glorreiche sagt:

$$يٰأَيَّتُهَا النَّفْسُ الْمُطْمَئِنَّةُ ارْجِعِيٓ إِلٰى رَبِّكِ رَاضِيَةً مَّرْضِيَّةً$$
$$فَادْخُلِيْ فِيْ عِبٰدِيْ وَادْخُلِيْ جَنَّتِيْ (الفجر : ٢٨ - ٣١)$$

»Du, o beruhigte Seele, die du deinen Frieden in Gott gefunden hast, kehre zurück zu deinem Herrn, indem Er mit dir zufrieden und du mit Ihm. So tritt denn ein unter Meine Diener, und tritt ein in Meinen Garten.« (89 : 28–31)

Bei der Behandlung der geistigen Zustände des Menschen ist es angebracht, diesen Vers einigermaßen zu erläutern. Wir sollten im Gedächtnis behalten, daß der höchste, geistige Zustand, wonach man in diesem Leben trachten kann, der ist, daß man mit seinem Schöpfer in völliger Harmonie steht und seine Ruhe, sein Glück und seinen Trost nur bei Ihm findet. Diese Stufe des Lebens wird auch ›Paradies auf Erden‹ genannt. Auf dieser Stufe wird die vollkommene Aufrichtigkeit, Reinheit und Treue des Menschen von Gott mit einem Paradies (himmlischen Leben) hienieden belohnt.

Während viele auf das zukünftige Paradies hoffen und warten, befindet er sich in einem gegenwärtigen, irdischen Paradies. Auf dieser Stufe empfindet der Mensch, daß Gebete und Gottesdienste, die ihm auferlegt worden waren, die wirkliche Nahrung darstellen, von der das Bestehen und Wachstum seiner Seele abhängt, und daß dies die Grundlage seiner geistigen Entwicklung ist. Des weiteren erkennt er, daß er sich der Ernte seiner Anstrengungen nicht nur in einem künftigen Leben zu erfreuen hat. Auf dieser Stufe erlebt der Mensch, daß die zweite (noch unvollkommene) Stufe – d. h. ›Sich-tadelnde-Seele‹ –, obwohl sie dem Menschen die Unlauterkeiten seines Lebens vorwarf, jedoch machtlos war, in ihm den Drang zur Tugend zu wecken und die schlechten Neigungen wirklich als meidenswert erscheinen zu lassen; zudem war sie nicht in der Lage, den Menschen fest auf den Grundsatz der Tugend zu stellen. Es tritt nunmehr eine Veränderung ein, was den Anfang der dritten Stufe – ›die beruhigte Seele‹ – darstellt.

Auf dieser Stufe wird der Mensch befähigt, den höchsten Erfolg zu erlangen. Die sinnlichen Leidenschaften ersterben, und das Selbst strauchelt nicht mehr, sondern, gekräftigt durch eine stärkende Brise, die über es weht, bereut es seine vergangenen Schwächen. Eine vollkommene Änderung tritt in der Natur und in den Gewohnheiten des Menschen ein,

und die früheren Gewohnheiten erleben eine völlige Umwandlung. Der Mensch ist dem bisherigen Weg seines Lebens durchaus entfremdet, von allen Unreinheiten gewa-
schen und gereinigt. Gott Selbst hat seinem Herzen mit
eigener Hand die Liebe zur Tugend eingeprägt und läutert es
dadurch vollständig von der Unreinheit des Bösen. Die Heer-
scharen der Wahrheit lassen sich alle in der Zitadelle seines
Herzens nieder, und Rechtschaffenheit herrscht in den Fest-
ungen seiner Natur. Die Wahrheit siegt, und die Unwahrheit
flieht und legt die Waffen nieder. Die Hand Gottes ruht über
seinem Herzen, und er geht jeden Schritt unter Seinem Schatten. Gott weist darauf in den folgenden Versen:

أُولَٰئِكَ كَتَبَ فِى قُلُوبِهِمُ الْإِيمَانَ وَأَيَّدَهُم بِرُوحٍ مِّنْهُ
(المجادلة : ٢٣)

حَبَّبَ إِلَيْكُمُ الْإِيمَانَ وَزَيَّنَهُ فِى قُلُوبِكُمْ وَكَرَّهَ
إِلَيْكُمُ الْكُفْرَ وَالْفُسُوقَ وَالْعِصْيَانَ أُولَٰئِكَ هُمُ
الرَّاشِدُونَ فَضْلًا مِّنَ اللَّهِ وَ نِعْمَةً وَاللَّهُ
عَلِيمٌ حَكِيمٌ (الحجرات : ٨-٩)

جَاءَ الْحَقُّ وَ زَهَقَ الْبَاطِلُ إِنَّ الْبَاطِلَ كَانَ
زَهُوقًا (بنى اسرائيل : ٨٢)

»Das sind die, in deren Herzen Gott Selbst den Glauben
eingegraben hat, mit eigener Hand, und die Er gestärkt
hat mit dem Heiligen Geist. (58:23)
»[O ihr Gläubigen!] Gott hat euch den Glauben lieb
gemacht und ihn schön geschmückt in euren Herzen,
und Er hat euch Unglauben, Widerspenstigkeit und
Ungehorsam verabscheuenswert gemacht und euch die
Verwerflichkeit der schlechten Wege eingeschärft...
All das geschah durch die Gnade und Huld Gottes;
und Gott ist allwissend und weise.« (49:8, 9)

*»Gekommen ist die Wahrheit, und dahingeschwunden
ist das Falsche. Das Falsche mußte ja dahinschwinden.«*
(17 : 82)

Diese Worte weisen auf den geistigen Zustand des Menschen
hin, den er auf der dritten Stufe erlangt. Wer diese Stufe nicht
erlangt hat, ist des wahren Lichtes und der Einsicht bar. Die
Worte ›in deren Herzen Gott den Glauben Selbst mit Eigener
Hand eingegraben hat, und die Er gestärkt hat mit dem
Heiligen Geist‹ beziehen sich einzig darauf, daß für den
Menschen wahre Reinheit und Rechtschaffenheit ohne die
Hilfe von oben unerreichbar ist. Auf der zweiten Stufe der
Seele, die wir die ›Sich-tadelnde-Seele‹ genannt haben, zeigt
der Mensch immer wieder Reue und empfindet für eine
Weile die Gewissensbisse seiner guten Natur. Bald richtet er
sich auf, bald fällt er. Er zweifelt zuweilen an seiner Besse-
rung und glaubt, daß sein Zustand unheilbar sei. Für eine
Zeitlang verharrt er in diesem Zustand, aber wenn die bestimmte Stunde kommt, siehe da!, es steigt nachts oder tags
ein Licht auf ihn herab, welches von einer göttlichen Kraft
begleitet wird. Das Kommen dieses Lichtes bewirkt zugleich
eine wunderbare Wandlung in seiner Seele, und er fühlt eine
mächtige, unsichtbare Hand ihn aufwärtsleiten. Eine neue
Welt eröffnet sich ihm, und er erlebt das Dasein Gottes.
Seine Augen sind erfüllt von einem neuen Licht, das sie
zuvor nicht besaßen. Aber wie können wir diesen Pfad
entdecken, und wie können wir dieses Licht erwerben?

Vergessen wir nicht, daß in dieser Welt jede Wirkung eine
Ursache hat, und daß hinter jeder Bewegung ein Antrieb
steht. Zu jeder Art des Wissens führt ein bestimmter Weg,
der *rechte Weg*. Man kann in dieser Welt nichts erlangen, ohne
jeweils bestimmte Naturgesetze zu befolgen. Diese Naturgesetze bezeugen hinlänglich, daß, um etwas zu erringen, wir
des rechten Weges bedürfen, und daß die Erlangung des

133

Zieles das Einschlagen des von der Natur bestimmten Weges bedingt. Wenn wir uns in einem dunklen Zimmer befinden und den Sonnenschein benötigen, müssen wir richtigerweise das der Sonne zugewandte Fenster öffnen. Dann wird auf einmal das Licht eintreten und alle dunklen Ecken des Zimmers erhellen.

In ähnlicher Weise muß es auch ein Fenster geben, wodurch die Segnungen und Gnaden Gottes empfangen werden können, und ebenfalls einen Weg, auf dem der geistige Zustand der menschlichen Seele erlangt werden kann. Es geziemt uns daher, den Weg der Entwicklung und des Fortschritts unseres Geistes zu suchen, wie wir uns Tag und Nacht mit dem beschäftigen, was unseren körperlichen und materiellen Wohlstand fördert. Aber die Frage ist, ob wir diesen Weg bloß durch die schwachen Bestrebungen unseres Verstandes entdecken und ob wir lediglich kraft unseres Scharfsinns eine erfolgreiche Vereinigung mit Gott erzielen können.

Ist es möglich, daß nur unsere Logik und Philosophie uns die Türen aufmachen können, die nur durch die mächtige Hand Gottes geöffnet werden? Wisset mit Sicherheit, daß dies nicht stimmt. Menschliche Vorrichtungen können uns niemals zu dem Lebendigen und Ewigen führen. Der einzige gerade Weg zur Erlangung dieses Zieles besteht darin, daß wir vor allem unser Leben samt unseren Fähigkeiten und Kräften völlig der Sache Gottes widmen und dann unaufhörlich und unerschütterlich die Verbindung mit Ihm erflehen, um so Gott durch Ihn selbst zu finden.

Ein vortreffliches Gebet

Das beste Gebet, das uns gleichzeitig auch die Zweckmäßigkeit lehrt und die angeborene Sehnsucht der Seele versinnbildlicht, ist jenes, welches Gott uns in der Eröffnungs-Sura des Heiligen Qur-âns, *Al-Fateha*, lehrt. Es lautet:

بِسْمِ اللهِ الرَّحْمٰنِ الرَّحِيمِ اَلْحَمْدُ لِلّٰهِ رَبِّ الْعٰلَمِينَ الرَّحْمٰنِ الرَّحِيمِ
مٰلِكِ يَوْمِ الدِّينِ اِيَّاكَ نَعْبُدُ وَاِيَّاكَ نَسْتَعِينُ اِهْدِنَا
الصِّرَاطَ الْمُسْتَقِيمَ صِرَاطَ الَّذِينَ اَنْعَمْتَ عَلَيْهِمْ غَيْرِ الْمَغْضُوبِ
عَلَيْهِمْ وَلَا الضَّالِّينَ

»Im Namen Allahs, des Gnädigen, des Barmherzigen. Aller Ruhm gehört Allah, dem Schöpfer, Erzieher und Erhalter aller Welten.« (1 : 1, 2)

»Dem Gnädigen, Der aus Seiner Barmherzigkeit für unser Wohlergehen sorgt, bevor wir sie durch jegliche Arbeit verdient haben. Dem Barmherzigen, Der aus Seiner Barmherzigkeit unsere Taten aufs beste belohnt.« (1 : 3)

»Dem alleinigen Herrn des Gerichtstages, Der diesen Letzten Tag niemand anderem übertragen hat.« (1 : 4)

»O Du, der Du alle diese Huldigungen in Dir vereinigst, Dich allein beten wir an, und Dich allein rufen wir um Beistand in all unseren Angelegenheiten.« (1 : 5)

Die Mehrzahl ›Wir‹ in diesem Zuammenhang deutet an, daß sich unsere einzelnen Fähigkeiten mit der Anbetung Gottes beschäftigen und sich vor Seiner Türschwelle niederwerfen. Denn der Mensch, in Anbetracht seiner inneren Fähigkeiten, ist nicht als ein bloßes Individuum zu betrachten, sondern als eine Gruppe und eine Gemeinde, und das Sich-Niederwerfen seiner sämtlichen Fähigkeiten vor Gott ist der Zustand, den wir *Islam* nennen. Das Gebet lautet weiter:

»Führe uns auf den rechten Weg, der zu Dir führt, und laß es so sein, daß wir uns auf diesem Weg halten, und daß wir den Fußstapfen derjenigen folgen können, auf die sich Deine Segnungen und Gnaden niedersenken. Bewahre uns vor dem Pfade jener, auf die Dein Zorn herabstieg und die Dich nicht haben erreichen können, sondern die irregegangen sind. Amen! Mache es so, unser Gott!« (1:7)

Diese Verse machen klar, daß die Segnungen Gottes und Seine Gnaden nur auf jenen ruhen, welche ihr Leben auf dem Pfade Gottes opfern, sich in Seinen Willen völlig ergeben und, im Trachten nach Seinem Wohlgefallen, sich Ihm gänzlich unterordnen und von Ihm all die geistigen Segnungen erflehen, die man durch Einssein mit Gott je erhalten kann, um somit die Stufe zu erreichen, auf der man mit Gott spricht und Seine Stimme hört. Sie setzen all ihr Können für die Hingabe an Gott ein. Sie scheuen jede Übertretung der Gebote Gottes und werfen sich vor Seiner Türschwelle nieder. Sie meiden, soweit sie es vermögen, alles Böse und unterlassen alles, was den Zorn Gottes erregen könnte. Da sie Gott in erhabener Entschlossenheit und wahrer Aufrichtigkeit suchen, finden sie Ihn auch und haben die Möglichkeit, sich am Becher der reinen Gotteserkenntnis zu laben. Der Vers betont Beharrlichkeit und Standhaftigkeit und deutet an, daß die wahre und vollkommene Gnade, die einen Menschen in die geistige Welt führt, die vollkommene Standhaftigkeit voraussetzt, indem der Mensch ein so hohes Maß an Festigkeit und Treue an den Tag legt, das keine Prüfung erschüttern kann. Er muß eine Verbindung mit Gott haben, die kein Schwert zu durchtrennen und kein Feuer zu verbrennen vermag; keine Widerwärtigkeit hat die Macht, das Band zu lockern; der Tod der nächsten Verwandten beeinträchtigt es nicht, die Trennung von den Lieben tritt nicht dazwischen, und die Furcht vor dem Verlust der Ehre kann es nicht gefährden. Bevorstehender furchtbarer, schmerzvoller Tod kann es nicht im geringsten erschüttern. Eng ist diese Pforte und schwierig der Pfad. Ah! Welch ein Berg ist zu erklimmen! Darauf lenkt Gott im folgenden Vers unsere Aufmerksamkeit:

قُلْ إِنْ كَانَ اٰبَآؤُكُمْ وَ اَبْنَآؤُكُمْ وَاِخْوَانُكُمْ
وَاَزْوَاجُكُمْ وَعَشِيرَتُكُمْ وَاَمْوَالُ اٰقْتَرَفْتُمُوهَا
وَتِجَارَةٌ تَخْشَوْنَ كَسَادَهَا وَ مَسَاكِنُ تَرْضَوْنَهَا
اَحَبَّ اِلَيْكُمْ مِنَ اللهِ وَ رَسُولِهِ وَجِهَادٍ فِى
سَبِيلِهِ فَتَرَبَّصُوا حَتَّى يَاْتِىَ اللهُ بِاَمْرِهِ وَاللهُ
لَا يَهْدِى الْقَوْمَ الْفَاسِقِينَ (توبه : ٢٤)

»Sprich, wenn eure Väter und eure Brüder und eure Frauen und eure Verwandten und das Vermögen, das ihr euch erworben, und der Handel, dessen Niedergang ihr fürchtet, und die Wohnstätten, die ihr liebt, euch teurer sind als Gott und Sein Gesandter und das Streiten in Seiner Sache, dann wartet, bis Gott mit Seinem Gericht kommt; und Gott leitet die Übeltäter nicht.« (9:24)

Der Vers zeigt, daß diejenigen, die ihre Verwandtschaft und ihr Vermögen dem Wohlgefallen Gottes vorziehen, in Seinen Augen die Übeltäter sind. Sie werden sicherlich ihrem Verderben entgegengehen, da sie Anderes Gott vorgezogen haben.

Dies ist die dritte Stufe, und allein auf dieser Stufe wird der Mensch gottesfürchtig, vorausgesetzt, daß er willens ist, für die Sache Gottes tausendfache Kümmernis auf sich zu laden und sich mit solch absoluter Hingabe und Aufrichtigkeit Ihm zuzuwenden, als ob alle anderen außer Ihm tot wären. Die Wahrheit ist, daß wir den lebendigen Gott unmöglich sehen können, ehe nicht eine Art von Tod uns ereilt. Der Tag des

Sterbens unserer körperlichen Begierden ist der Tag der Manifestation Gottes. Wir sind blind, solange wir unsere Augen vor gottfremden Gegenständen nicht verschließen, und wir sind leblos, solange wir uns nicht wie Tote in die Hand Gottes legen. Die Standhaftigkeit, die uns die Überwindung aller fleischlichen Begierden ermöglicht, kann nur und ausschließlich dadurch erlangt werden, daß wir unser Gesicht Gott zuneigen. Das ist die Aufrichtigkeit, die den körperlichen Leidenschaften den Todesstoß versetzt.

Der folgende Satz des Qur-âns nimmt Bezug auf diesen Zustand:

$$ \text{بَلَى مَنْ أَسْلَمَ وَجْهَهُ لِلّٰهِ وَهُوَ مُحْسِنٌ (البقرة: ١١٣)} $$

»Nein, wer sich gänzlich Gott unterwirft und Gutes tut...« (2:113)

Die Worte fordern, daß wir unseren Nacken in voller Ergebenheit vor Ihm beugen sollen. Diese Stufe der Rechtschaffenheit kann erst dann erreicht werden, wenn alle Glieder unseres Körpers und sämtliche uns erhaltenden Kräfte Gott zu Gebote stehen, und unser Tod und unser Leben nur die Erlangung des göttlichen Wohlgefallens zum Ziel haben, wie es steht:

$$ \text{قُلْ إِنَّ صَلَاتِي وَنُسُكِي وَمَحْيَايَ وَمَمَاتِي لِلّٰهِ رَبِّ الْعَالَمِينَ (الأنعام: ١٦٣)} $$

»Sprich: ›Mein Gebet und mein Opfer und mein Leben und mein Tod gehören Gott, dem Herrn der Welten‹.« (6:163)

Wenn die Liebe des Menschen zu Gott so groß ist, daß sein Leben und sein Tod nicht für sich selbst, sondern gänzlich für Gott sind, dann heißt es, daß Gott, Der ewig jene liebt, die Ihn lieben, Seine Liebe auf diese Menschen verströmt. Der Vereinigung dieser zwei Liebeskräfte entspringt ein Licht, das die Welt weder zu erkennen noch zu begreifen vermag. Tausende von Rechtschaffenen und Auserwählten sind kaltblütig ermordet worden, nur weil die Welt sie nicht erkannte. Die Welt nannte sie Betrüger und Habgierige, da sie das Licht auf ihren Gesichtern nicht sehen konnte, wie es heißt:

$$ يَنْظُرُونَ اِلَيْكَ وَهُمْ لَا يُبْصِرُونَ \quad (الاعراف: ١٩٩) $$

»[Die Ungläubigen] *schaut nach dir, doch sie sehen dich nicht.*« (7 : 199)

Vom Tage an, da dieses Licht in dem irdischen Menschen erzeugt wird, wandelt sich dieser zum himmlischen Wesen. Der Meister aller Geschöpfe spricht aus ihm, der solchermaßen neugeboren wird, und Er beleuchtet ihn mit dem Glanz der Göttlichkeit. Er macht sein Herz, das von der unverfälschten Liebe zum Herrn überfließt, zu Seinem Schrein und zum Thron Seiner Herrlichkeit. Von dem Augenblick der Erneuerung an, die sich in einem solchen Menschen nach der Umwandlung vollzogen hat, verhält Sich auch Gott ihm gegenüber wie ein neuer Gott, indem Seine Behandlung und Seine Gesetze für ihn anders wirken. Es ist aber nicht so, daß Gott ein anderer Gott wird, oder daß Seine Gesetze und Sein Verfahren sich ändern; doch sind sie verschieden im Gegensatz zu Seinem gewöhnlichen Verfahren, aber die Weltklugen haben davon keine Ahnung. Auf solche Menschen bezieht sich dieser Vers:

وَمِنَ النَّاسِ مَن يَشْرِى نَفْسَهُ ابْتِغَاءَ مَرْضَاتِ
اللهِ وَاللهُ رَؤُوفٌ بِالْعِبَادِ (البقرة : ٢٠٨)

»Unter den Menschen sind jene Typen der Vollkommen-
heit, die sich auf der Suche nach dem Wohlgefallen
Gottes verlieren, die ihr Selbst sozusagen verkaufen im
Trachten nach dem Wohlgefallen Gottes; auf sie steigt
die Barmherzigkeit Gottes herab.« (2 :208)

Ähnlich ist der Fall desjenigen, der die Stufe der geistigen
Vollkommenheit erreicht hat, indem er sein Selbst auf dem
Pfade Gottes opfert. Gott sagt in diesem Vers, daß ein
Mensch, der sich dem Willen Gottes hingibt und durch seine
Aufopferung seine völlige Hingabe an Gott beweist, von
allen Beschwerden befreit wird. In den Augen eines solchen
Menschen besteht der Zweck seines Daseins nur im Gehor-
sam gegenüber Ihm und im Dienst an den Mitmenschen.
Jede ihm innewohnende Kraft ist mit der Durchführung des
reinen Guten beschäftigt, und zwar getragen von aufrichti-
gem Eifer, von Interesse und Freude, als ob er im Spiegel
seines Gehorsams und seiner Ergebenheit seinen wahren
Geliebten erblickte.

Seine Absicht stimmt mit derjenigen Gottes überein, und
seine ganze Wonne besteht nur im Gehorsam zu Ihm. Er
vollbringt gute Taten nicht als auferlegte Bürde, sondern
seine Natur fühlt sich zu dieser Richtung hingezogen, und
seine höchste Freude und Glückseligkeit liegt im Vollbringen
der Tugend. Dies ist das ›Paradies auf Erden‹, welches dem
geistigen Menschen beschieden wird und dessen Abbild oder
Schatten das versprochene Paradies sein wird – das Sinnbild
für Gottes Allmacht im Jenseits.

Darauf weist Gott in den folgenden Versen hin:

وَلِمَنْ خَافَ مَقَامَ رَبِّهِ جَنَّتَانِ (الرحمن : ٤٦)

وَسَقْهُمْ رَبُّهُمْ شَرَابًا طَهُورًا (الدهر: ٢٢)

إِنَّ الْأَبْرَارَ يَشْرَبُونَ مِنْ كَأْسٍ كَانَ مِزَاجُهَا كَافُورًا

عَيْنًا يَشْرَبُ بِهَا عِبَادُ اللهِ يُفَجِّرُونَهَا تَفْجِيرًا (الدهر: ٦-٥)

وَيُسْقَوْنَ فِيهَا كَأْسًا كَانَ مِزَاجُهَا زَنْجَبِيلًا (الدهر: ١٨)

»Für den aber, der das Stehen vor seinem Herrn fürchtet, und Ehrfurcht vor Seiner Größe und Majestät empfindet, werden zwei Paradiese sein – eines hienieden und das andere im Jenseits.« (55 : 47)

»Diejenigen, die sich in der Betrachtung der göttlichen Herrlichkeit verloren haben, hat ihr Herr mit einem reinen Trunk gelabt, der ihre Herzen, Gedanken und Absichten geläutert hat.« (76 : 22)

»Die Gerechten trinken aus einem Becher, dem Kampfer beigemischt ist. Sie trinken aus einer Quelle, die sie selbst haben hervorsprudeln lassen.« (76 : 6, 7)

Warum Kampfer und Ingwer im Trunk?

Das Wort Kampfer (*Kafur*) in diesem Vers ist, wie schon erklärt, von *Kafara* abgeleitet, welches im Arabischen bedeutet: ›unterdrücken‹ und ›zudecken‹, und weist darauf hin, daß sie so ausgiebig aus dem ›Becher‹ der Loslösung von der Welt und der Hinwendung zu Gott getrunken haben, daß ihre Liebe zur Welt vollständig ausgelöscht worden ist. Bekanntlich keimen alle Leidenschaften im Herzen, und wenn das Herz von Unreinheiten weit entfernt ist und keine Gedanken darauf verschwendet, nehmen die Leidenschaften allmählich ab, und zuletzt sterben sie ab. Das ist der Sinn dieses Verses, nämlich, jene, die sich Gott vollständig zu-

141

wenden, entfernen sich in gleichem Maße von der Herrschaft der selbstsüchtigen Leidenschaften. Daher werden die Herzen der Gerechten kühl bleiben im Feuer der Leidenschaft, und ihre Leidenschaften werden vollständig unterdrückt, wie die Unterdrückung der Wirkung giftiger Stoffe durch Kampfer.

Der Vers besagt weiter, daß, nachdem sie vom Becher getrunken haben, dem Kampfer beigemischt ist,

»ihnen dort ein anderer Becher zu trinken gereicht werden wird, dem Zandjbil (Ingwer) *beigemischt ist.«* (76:18)

Das arabische Wort *Zandjbil* besteht aus zwei Bestandteilen: *Zana* und *Djabl*. Der erste Teil bedeutet: ›aufsteigen‹, während der letztere ›Berg‹ heißt. Das zusammengesetzte Wort heißt also: ›er stieg auf den Berg‹.

Es sei daran erinnert, daß nach einer giftigen Krankheit man zwei Etappen durchlaufen muß, bevor man zur vollständigen Wiederherstellung der Gesundheit gelangt. In der ersten Etappe sind die giftigen Keime vollständig ausgerottet, die Heftigkeit des Anfalls schwächt sich ab, die Auswirkungen der Giftstoffe sind im Abflauen, und die verhängnisvolle Aufwallung ebbt ab. Aber die Körperglieder sind noch schwach, und die Schwäche schwindet nicht so rasch. Der Patient ist noch nicht bei vollen Kräften; noch immer geht er unsicher. Erst auf der zweiten Etappe der Erholung erlangt er seine Kräfte wieder. Sein Körper erstrahlt in Lebenskraft und Regsamkeit, und er hat Mut und Kraft, selbst einen steilen Berg zu erklimmen, und freudig und furchtlos erklettert er die Höhen. Dies ist der geistige Zustand, den der Mensch auf der dritten Stufe seiner Entwicklung erreicht. Es ist auf dieser Stufe, wo der allmächtige Gott von den vollkommenen Gerechten sagt, daß ihnen von einem Becher zu trinken gegeben wird, dem Ingwer beigemischt ist, d. h. nachdem sie volle geistige Kräfte erlangt haben, sind sie fähig, steile Bergpfade zu ersteigen, außerordentlich schwierige Aufgaben zu erfüllen und erstaunliche Opfer auf dem Pfade Gottes zu vollbringen.

Die Wirkung von Ingwer

In der Medizin ist *Zandjbil* oder Ingwer die Wurzel einer Pflanze, die die natürliche Wärme des menschlichen Körpers fördert und Magenbeschwerden sowie auch Durchfall stoppt. Diese Pflanzenwurzel bekommt den Namen *Zandjbil* deshalb, weil sie den schwachen Körper stärkt, innere Wärme erzeugt und so den Menschen befähigt, steile Höhen zu erklimmen.

Durch diese Gegenüberstellung der zwei Verse, die die beiden Wörter – *Kafur* (Kampfer) und *Zandjbil* (Ingwer) – enthalten, will Gott uns auf die zwei Stufen aufmerksam machen, die man überwinden muß, um von dem primitiven Zustand der Abhängigkeit von den Leidenschaften zur Höhe der Tugend und Rechtschaffenheit überzugehen. Die erste Reaktion ist, daß die Wirkung der giftigen Stoffe unterdrückt wird, und die Wellen der Leidenschaften verebben – genauso wie Kampfer das Gift unterdrückt. Er ist ebenso nützlich bei Cholera wie bei Typhus. Wenn die Wirkung der giftigen Stoffe vollständig unterdrückt wird, und der Patient seine Gesundheit wiedererlangt bis zu einem Zustand, wo er sich noch immer schwach fühlt, dann beginnt die zweite Etappe, in der der Ingwer die Wirkung eines Stärkungsmittels im System des geschwächten Patienten erzeugt. Im geistigen Sinne ist der Ingwer-Trunk die Kundwerdung der Schönheit und Herrlichkeit Gottes, die die Seele ernährt. Gestärkt durch diese Manifestation der Schönheit und Herrlichkeit Gottes ist der Mensch imstande, steile Höhen zu erklimmen. Er vollbringt für die Sache Gottes solch erstaunliche Heldentaten, die niemand ohne die Herzenswärme der Liebe zu vollbringen imstande ist.

Gott der Allmächtige hat hier Gebrauch von zwei Ausdrücken der arabischen Sprache gemacht, um dem menschlichen Begriff die zwei Stufen näherzubringen, nämlich *Kafur* (Kampfer), oder das, was (die Wirkung der giftigen Stoffe) unterdrückt, und *Zandjbil* (Ingwer), welches heißt, ›die Höhen erklimmen‹. Die Gottessucher durchlaufen diese beiden Etappen.

Die angeführten Verse führen weiter aus:

$$\text{إِنَّآ أَعْتَدْنَا لِلْكَٰفِرِينَ سَلَٰسِلَاْ وَأَغْلَٰلاً وَّسَعِيرًا}\ \text{(الدهر:٥)}$$

»Wahrlich, Wir haben für die Ungläubigen, die nicht glauben wollen, Ketten, eiserne Nackenfesseln und ein flammendes Feuer bereitet.« (76:5)

Der Vers bedeutet, daß denjenigen, die Gott nicht aufrichtig suchen, durch die Gesetze Gottes ernste Folgen drohen. Sie sind in die weltlichen Angelegenheiten so verwickelt, als ob ihre Füße gefesselt wären. Sie beugen sich unter den weltlichen Sorgen so tief, daß sie Nackenfesseln um ihren Hals zu tragen scheinen, die es ihnen nicht erlauben, mit aufrechtem Kopf zum Himmel hinaufzuschauen. Ihre Herzen brennen für sinnliche Wünsche und Begierden, und sie kümmern sich fortwährend darum, mehr Geld zu verdienen, ihren Reichtum zu vermehren, Herrschaft über andere Gebiete zu erlangen, oder einen Rivalen zu stürzen. Da sie sich in den Augen Gottes als unwürdige Menschen erweisen, die nur Schlechtes verfolgen, liefert sie Gott den drei Leiden aus (Ketten, Nakkenfesseln und Feuer).

Wir haben hier einen Hinweis darauf, daß jeder Tat des Menschen eine entsprechende Tat Gottes folgt. Wenn man zum Beispiel alle Türen und Fenster seines Zimmers verschließt, ist die eintretende Finsternis eine Tat Gottes. Eigentlich ist alles, was wir als die natürlichen Folgen unserer Handlungen ansehen, die Tat Gottes; denn Gott ist die Ursache der Ursachen. Das Gift zu sich zu nehmen ist die Tat des Menschen, aber diese Handlung zieht Tod nach sich, welches als die Tat Gottes oder die natürliche Folge zu bezeichnen ist. Begeht man etwas Unsittliches, was eine ansteckende Krankheit hervorruft, so muß man die Folgen – die eine Tat Gottes sind – davon tragen. Wie in der materiellen Welt, so auch in der geistigen gilt die Regel, daß jede Tat nach einer entsprechenden Wirkung ruft; und diese Folge ist jeweils die Tat Gottes. Darauf weist Gott an zwei verschiedenen Stellen eindeutig hin:

وَالَّذِينَ جَاهَدُوا فِينَا لَنَهْدِيَنَّهُمْ سُبُلَنَا (العنكبوت : ٧٠)

فَلَمَّا زَاغُوا أَزَاغَ اللهُ قُلُوبَهُمْ (الصف : ٦)

»Diejenigen, die ihr Bestes getan haben, um Uns zu suchen, Wir werden sie gewiß leiten auf Unseren Wegen (als Folge ihrer Bestrebungen).« (29:70)
»Aber diejenigen, die eine krumme Richtung nehmen und dem rechten Weg nicht folgen, lassen Wir auch ihre Herzen krumm werden.« (61:6)

Der Gedanke wird ferner entwickelt im folgenden Vers:

مَنْ كَانَ فِي هَذِهِ أَعْمَى فَهُوَ فِي الْآخِرَةِ أَعْمَى وَأَضَلُّ سَبِيلًا (بنى اسرائيل : ٧٣)

»Wer aber blind ist in dieser Welt, der wird auch im Jenseits blind sein, nein, sogar weit abirrender vom Weg.« (17:73)

Diese Verse legen klar dar, daß die Rechtschaffenen das

Antlitz Gottes selbst in diesem Leben sehen; und Er offenbart Sich ihnen in aller Majestät und Herrlichkeit, da sie alles um Seinetwillen aufgeben. Das himmlische Leben (das Paradies) – so besagt der Vers – tut sich schon in diesem Leben auf, ebenso ist die Grundlage der Blindheit hienieden die Hölle, geschaffen durch die Unlauterkeiten des Lebens und die Blindheit gegen die geistigen Werte.

An einer anderen Stelle heißt es diesbezüglich:

$$وَبَشِّرِ الَّذِينَ اٰمَنُوا وَ عَمِلُوا الصّٰلِحٰتِ اَنَّ لَهُمْ جَنّٰتٍ$$
$$تَجْرِى مِنْ تَحْتِهَا الْاَنْهٰرُ (البقرة : ٢٦)$$

»Und bringe frohe Botschaft denen, die glauben und gute Werke tun, daß Gärten für sie sind, durch die Ströme fließen.« (2 : 26) ،

Gott vergleicht hier den Glauben mit einem Garten, unter dem Ströme fließen. Diese Worte enthüllen ein tiefes Geheimnis, das die Beziehung zwischen Glaube und guten Taten unterstreicht. Das heißt, die guten Taten stehen zum Glauben in der gleichen Beziehung wie Wasser der Ströme zu einem Garten. Ein Garten, wenn er nicht bewässert wird, wird verdörren; in gleicher Weise wird der Glaube, wenn er nicht von guten Taten begleitet ist, welken. Glaube ohne gute Taten ist nutzlos, und gute Taten ohne Glauben sind eine Schaustellung.

Das islamische Paradies ist eine Rückstrahlung vom Glauben und von den guten Taten eines Menschen in der Welt.

Das Paradies eines jeden ist lediglich ein Abbild seiner Taten in diesem Leben. Es kommt nicht von außen her, sondern wächst in uns selbst. Es sind unser eigener Glaube und unsere eigenen Taten, die uns später in der Form des Paradieses begegnen, worin wir weilen werden, aber wir haben den Vorgeschmack dieser Paradiesesfreuden schon in diesem Leben. Wir nehmen den Baum des Glaubens und die Ströme unserer guten Taten in diesem Leben wahr, auch wenn nur undeutlich. Im Jenseits hingegen werden alle Schleier, die dieses Paradies unseren Augen verbergen, sich heben, und wir werden dies fühlbar erkennen.

Die Lehre des Heiligen Wortes Gottes berichtet uns, daß der wahre, reine, starke und vollkommene Glaube an Gott, an Seine Attribute und Seinen Willen, ein erfreulicher und prächtiger Garten voll fruchtbarer Bäume ist, während die guten Taten die Ströme sind, die in diesem Garten fließen.

Im Qur-ân begegnen wir diesem Gedanken, der sinngemäß heißt:

مَثَلًا كَلِمَةً طَيِّبَةً كَشَجَرَةٍ طَيِّبَةٍ أَصْلُهَا ثَابِتٌ وَفَرْعُهَا فِي السَّمَاءِ تُؤْتِي أُكُلَهَا كُلَّ حِينٍ (ابراهيم : ٢٥-٢٦)

»Das gute und in jeder Hinsicht vollkommene Wort des Glaubens, das frei von jeglichem Übermaß, Mangel, Fehl oder Defekt, Unwahrheit oder Spott ist, gleicht einem guten, makellosen Baume, dessen Wurzel fest ist und dessen Zweige in den Himmel reichen. Er bringt seine Frucht jederzeit hervor; die Periode der Unfruchtbarkeit kommt nie über ihn.« (14:25, 26)

Indem Gott der Allmächtige das gute Wort des Glaubens mit einem guten Baume vergleicht, der seine Früchte immerwährend trägt, hat Er dessen drei Merkmale erwähnt:

Das erste: Seine Wurzel, oder seine wahre Bedeutung, soll fest gegründet sein in die Erde, welche dem Herzen des Menschen entspricht. Mit anderen Worten, das Gewissen und die Natur des Menschen müssen die Wirklichkeit und Wahrhaftigkeit des Glaubens vorbehaltlos angenommen haben.

Das zweite: Seine Zweige reichen in den Himmel, die Vernunft soll die Wahrhaftigkeit des Glaubens bezeugen, ebenso sollen die Naturgesetze, die die Tat Gottes sind, mit ihm im Einklang stehen. Anders gesagt, die Argumente seiner Wahrhaftigkeit sind von Naturgesetzen abzuleiten: weiter, diese Beweise sind so überragend, als ob sie in den Himmel reichten, und somit über jede Kritik erhaben.

Das dritte Kennzeichen ist, daß das Wort des Glaubens seine köstlichen Früchte immerwährend und ununterbrochen zeitigt, d. h. seine Wirkung und die Segnungen seiner Befolgung werden nie unterbunden, sondern sind in jedem Zeitalter wahrnehmbar und fühlbar. Es stimmt nicht, daß sie zeitweilig existieren und dann verschwinden.

Diesem Vers folgt ein anderer:

مَثَلُ كَلِمَةٍ خَبِيثَةٍ كَشَجَرَةٍ خَبِيثَةٍ اجْتُثَّتْ مِنْ فَوْقِ الْأَرْضِ مَا لَهَا مِنْ قَرَارٍ (ابراهيم : ٢٧)

»Das schlechte Wort ist gleich einem Baume, der entwurzelt ist, d. h. von der Natur und dem Gewissen des Menschen verstoßen, und der keine Festigkeit hat – unterstützt weder von Vernunft noch von Naturgesetzen, und auch nicht vom Gewissen des Menschen, sondern bloß leeres Gerede.« (14 : 27)

Wie der Heilige Qur-ân die hehren Worte des Glaubens mit Bäumen verglichen hat, die im Jenseits köstliche Früchte tragen, wie z. B. Trauben, Granatäpfel usw., und sie als eine Verkörperung dessen beschrieben hat, was wir in dieser Welt geistig genießen, hat er ebenfalls den schlechten Baum des Unglaubens im Jenseits unter dem Namen *Saqqum* beschrieben, wie es steht:

أَذَلِكَ خَيْرٌ نُزُلًا أَمْ شَجَرَةُ الزَّقُّومِ إِنَّا جَعَلْنَاهَا

فِتْنَةً لِّلظّٰلِمِينَ إِنَّهَا شَجَرَةٌ تَخْرُجُ فِىٓ أَصْلِ الْجَحِيمِ

طَلْعُهَا كَأَنَّهُۥ رُءُوسُ الشَّيَٰطِينِ (الصّٰفّٰت : ٦٣ ـ ٦٦)

»Sind die Gärten des Paradieses besser zur Bewirtung oder der Baum Saqqum? Denn Wir haben ihn zu einer Versuchung gemacht für die Missetäter. Er ist ein Baum, der auf dem Grund des Feuers emporwächst, d. h. aus Eitelkeit und Selbstverherrlichung, die die Wurzel der Hölle sind; seine Frucht ist, als wären es Satans-Köpfe.« (37 : 63–66)

Schaitan (Arabisch für Satan) heißt, was der Vernichtung überantwortet wird. Das Wort ist von *Schait* (Verderben) abgeleitet. Die Worte erklären uns, daß der Genuß der Früchte dieses Baumes Verdammnis und Verderbnis zur Folge haben.

Weiter heißt es:

إِنَّ شَجَرَتَ الزَّقُّومِ طَعَامُ الْأَثِيمِ كَالْمُهْلِ

يَغْلِى فِى الْبُطُونِ كَغَلْىِ الْحَمِيمِ (الدّخان : ٤٣ ـ ٤٦)

»Siehe, der Baum Saqqum wird die Speise jener Insassen der Hölle sein, die sich dem sündhaften Lebensweg vorsätzlich zuneigen; wie geschmolzenes Erz wird er brodeln in ihren Bäuchen, wie das Brodeln kochenden Wassers.« (44 : 44–47)

Die Rede ist an den Verdammten gerichtet:

ذُقْ إِنَّكَ أَنتَ الْعَزِيزُ الْكَرِيمُ (الدّخان : ٥٠)

»Koste! Du bist wahrlich der, der einst der Mächtige, der Angesehene war.« (44 : 50)

Die abschließenden Worte drücken den Zorn Gottes aus.

149

Sie zeigen, daß der Sünder, wäre er nicht hochmütig gewesen und hätte er der Wahrheit nicht um seiner vermeintlichen Ehre und Größe willen den Rücken gezeigt, diese Pein nicht erleiden müßte.

Der letzte Vers zeigt auch, daß das Wort *Saqqum* aus *Suqq* (koste!) und *am* besteht. *Am* ist eine Abkürzung des ganzen Nebensatzes: Arabisch ›Innaka anta al-Aziz ul-Karim‹ (d. h. ›Du bist wahrlich der, der einst der Mächtige, der Angesehene war‹), worin der Anfangs- und Schlußbuchstabe dieses Verses verbunden sind. Kurzum, Gott vergleicht die in diesem Leben ausgedrückten guten Worte des Glaubens mit den Bäumen des Paradieses und die schlechten Worte des Unglaubens mit *Saqqum*, dem Baum der Hölle.

Dabei zeigt Er an, daß ein himmlisches Leben sowie das höllische Leben hier auf Erden ihren Anfang nehmen. In bezug auf die Hölle vermerkt der Qur-ân:

نَارُ اللهِ الْمُوقَدَةُ الَّتِى تَطَّلِعُ عَلَى الْأَفْيِدَةِ (الهمزة: ٦-٨)

»*Die Hölle ist ein Feuer, das dem Zorn Gottes entspringt: es entbrennt in der Sünde, und die Flammen züngeln über die Herzen hinweg.*« (104:7, 8)

Dies ist eine Anspielung darauf, daß eigentlich Kummer, Gram und Trübsal, die das Herz überwältigen, das Feuer der Hölle anzünden; denn alle geistigen Folterungen ereilen zuerst das Herz, und dann peinigen sie den ganzen Körper. Wir lesen an anderer Stelle:

وَقُودُهَا النَّاسُ وَ الْحِجَارَةُ (البقرة: ٢٥)

اِنَّكُمْ وَمَا تَعْبُدُونَ مِنْ دُونِ اللهِ حَصَبُ جَهَنَّمَ
(الانبياء: ٩٩)

150

Die Nahrung des Feuers der Hölle, die es immer brennend erhält, ist von zwei Arten:

a: die Menschen, die anstatt des wahren Gottes andere Wesen anbeten, oder die mit solchem Götzendienst einverstanden sind, wie es steht:

»Wahrlich, ihr und eure falschen Götzen, die sich als Götter ausgaben, trotzdem sie erschaffene Wesen waren, werden ins Feuer geworfen«; und

b: *»die Götzen werden der Brennstoff der Hölle sein, deren Dasein allein die Hölle hervorgerufen hat.«* (2 : 25 · 21 : 99)

Aus diesen Ausführungen geht hervor, daß nach dem Heiligen Wort Gottes Himmel und Hölle nicht mit dieser materiellen Welt zu vergleichen sind. Vielmehr sind es die geistigen Wahrheiten, die ihre Quelle und ihren Ursprung bilden. Trotzdem werden sie im Jenseits konkrete Formen annehmen, und dennoch werden sie nicht vom Diesseits sein.

Wege zur vollkommenen geistigen Verbindung mit Gott

Auf den Hauptgegenstand zurückkommend, bemerken wir, daß der Heilige Qur-ân uns zwei Mittel überliefert, um eine vollkommene geistige Verbindung mit Gott herzustellen, nämlich *Islam,* eine vorbehaltlose Fügung unter den Willen Gottes und das *Gebet,* wie es in der Eröffnungs-Sura *Al-Fateha* enthalten ist. Vollkommene Gottergebenheit und das fortwährende Gebet, wie uns die Sura *Fateha* lehrt, bilden den Kern des ganzen Islams. Sie sind die einzigen Wege, die den Brunnen der wahren Erlösung erschließen, und die einzigen heilsamen Führer, um Gott zu erreichen. Dies sind die alleinigen natürlichen Mittel, das Ziel des höchsten geistigen Fortschritts und der Begegnung mit Gott zu erlangen. Nur diejenigen können Gott erreichen, die sich in das geistige Feuer des

Islams (d. h. Gottergebenheit) begeben und die beständig nach dem Gebet *Fateha* leben.

Was ist der *Islam*? Er ist das brennende Feuer, das all unsere niederen Wünsche verzehrt und alle Götzen verbrennt und unser Leben, Eigentum und unsere Ehre vor unserem wahren und Heiligen Gott als Opfer bringt.

Wenn wir zu diesem Brunnen treten, trinken wir das Wasser eines neuen Lebens, und die sämtlichen uns innewohnenden, geistigen Fähigkeiten werden mit Gott so stark verbunden, wie die Glieder einer Kette untereinander. Ein Feuer gleich dem Blitze flammt in uns empor, und ein anderes Feuer steigt auf uns herab. Die beiden Flammen, wenn sie zusammen brennen, vernichten unsere irdischen Gelüste und fleischlichen Begierden sowie unsere Neigung zu falschen Göttern.

Eine Art Tod ereilt unser früheres Leben: dieser Zustand versinnbildlicht das Wort *Islam*, so lehrt der Heilige Qur-ân. Der *Islam* – oder die vollkommene Ergebenheit in den Willen Gottes – bringt unseren sündhaften Leidenschaften Tod, und das Gebet schenkt uns ein neues Leben. Dieser Wiedergeburt muß die Offenbarung des göttlichen Wortes vorangehen. Die Erreichung dieser Stufe heißt Begegnung mit Gott, denn erst hier sieht der Mensch das Antlitz Gottes. Auf dieser Stufe wird seine Verbindung mit Gott so stark, daß er Gott sozusagen vor Augen sieht.

Er erhält Kraft von oben; seine inneren Kräfte und Sinne werden belebt, und die Anziehungskraft eines rein himmlischen Lebens wirkt gewaltig auf ihn. Wenn der Mensch zu dieser Stufe gelangt, wird Gott selbst das Auge, mit dem der Mensch sieht, die Zunge, mit der er spricht, die Hand, mit der er ergreift, das Ohr, mit dem er hört, und die Füße, mit denen er geht.

Sich auf diese Stufe beziehend, sagt der Allerhöchste:

يَدُ اللهِ فَوْقَ أَيْدِيهِمْ (الفتح : ١١)

»*Seine* (des Propheten) *Hand, die auf den Händen*
(der Gläubigen) *liegt, ist die Hand Gottes.*« (48:11)

Und ferner:

وَمَا رَمَيْتَ إِذْ رَمَيْتَ وَلَكِنَّ اللهَ رَمَى (الإنفال : ١٨)

»*Du warfest nicht, als du warfest, sondern Gott war es,*
Der schleuderte.« (8:18)

Kurz, dies ist die Stufe des vollkommenen Eins-Seins mit
Gott. Sein heiliger Wille durchdringt die Seele des Menschen
und die moralischen Kräfte, die zuvor schwach waren, werden auf dieser Stufe gekräftigt und befestigt wie die Berge.
Durch diese Umwandlung werden Vernunft und Verstand
im höchsten Grad verfeinert. Dies ist der Sinn der Worte:

وَأَيَّدَهُمْ بِرُوحٍ مِنْهُ (المجادله : ٢٣)

»*Er stärkte sie mit Seinem Heiligen Geist.*« (58:23)

Auf dieser Stufe branden des Menschen Wogen der Liebe
und Hingabe zu Gott so überwältigend, daß ihm das Sterben
auf dem Pfade Gottes und das Erleiden von tausendfachen
Verfolgungen oder der Verlust der Ehre um Seinetwillen
leichter fällt als das Knicken eines trockenen Strohhalmes. Zu
Gott hingezogen, flieht der Mensch zu Ihm, weiß jedoch
nicht, wer es ist, der ihn anzieht. Eine unsichtbare Hand
stützt ihn überall.

Er setzt sich zum Ziel und Zweck seines Lebens, den
Willen Gottes zu verwirklichen. Hier findet er sich seinem
Gott am nächsten, wie Er sagt:

$$\text{وَنَحْنُ أَقْرَبُ إِلَيْهِ مِنْ حَبْلِ الْوَرِيدِ} \quad (\text{ق} : ١٤)$$

»Wir sind ihm näher als seine Halsader.« (50:17)

Wie eine reife Frucht von selbst vom Baume fällt, in gleicher
Weise werden auf dieser Stufe die irdischen Verbindungen
des Menschen mühelos abgebrochen. Er tritt in eine tiefe
Verbindung mit Gott und ist der übrigen Schöpfung entrückt.
Ihm wird die Ehre zuteil, mit Gott zu sprechen und von Ihm
angesprochen zu werden. Die Türen zu dieser Stufe sind
auch heute weit offen, wie sie in der Vergangenheit offen
waren, und die Gnade Gottes gewährt dem Suchenden diesen Segen auch heute wie zuvor. Aber die Eitelkeiten der
Zunge führen nicht zu diesem Pfade, noch öffnet sich diese
Türe durch bloße Prahlerei und müßiges Gerede. Der Suchenden sind viele, aber nur wenige kommen zum Ziel, da dieses
ohne ein gewissenhaftes Streben und wahre Aufopferung
nicht zu erreichen ist. Bloße Worte können nichts nützen. Ihr
könnt diesen Pfad nicht betreten, ehe ihr den Fuß nicht in
wahrer Aufrichtigkeit auf das Feuer stellt, vor dem andere
fliehen; dies ist die Vorbedingung. Prahlerei, bar des echten
Eifers und Ernstes, ist wertlos. Darüber sagt Gott, der Erhabene:

$$\text{وَإِذَا سَأَلَكَ عِبَادِى عَنِّى فَإِنِّى قَرِيبٌ أُجِيبُ}$$
$$\text{دَعْوَةَ الدَّاعِ إِذَا دَعَانِ فَلْيَسْتَجِيبُوا لِى وَلْيُؤْمِنُوا بِى}$$
$$\text{لَعَلَّهُمْ يَرْشُدُونَ} \quad (\text{البقرة} : ١٨٧)$$

*»Wenn Meine Diener dich nach Mir fragen, sprich: ›Ich
bin nahe. Ich antworte dem Gebet des Bittenden, wenn
er zu Mir betet‹. So sollten sie Mich suchen durch
Gebete und an Mich fest glauben, auf daß sie den
Erfolg haben mögen.«* (2:187)

Was ist der Zustand des Menschen nach dem Tode?

Welcher ist der Zustand des Menschen nach dem Tode? Dies ist die nächste Frage, die hier gestellt wurde. Mit knappen Worten gesagt: Der Zustand des Menschen nach dem Tode ist nicht ein völlig neuer; er ist vielmehr eine vollkommene Wahrnehmung und ein volles und klares Abbild der Zustände im irdischen Leben. Wie es um den Menschen im Leben hienieden mit seinem Glauben oder seinen Taten – den guten oder den schlechten – wirklich bestellt ist, bleibt in diesem Leben einfach in ihm, und ihr Gift oder Gegenmittel üben nur eine geheime Wirkung auf den Betreffenden aus.

Im Jenseits aber wird dem nicht so sein, sondern alles wird offenkundig und klar ans Tageslicht kommen. Zum Beispiel können wir die Art und Weise betrachten, in der der Mensch einen Traum sieht, worin er eine Verkörperung dessen wahrnimmt, was in seinem Temperament überwiegt. Wenn er z. B. vor einem schweren Fieberanfall steht, mag er in einem Traum flammendes Feuer sehen, während er bei grippeähnlichen Erkältungen oder Katarrh ein Traumgesicht erlebt, worin er sich im Wasser befindet. Wenn sich im Körper eine gewisse Krankheit vorbereitet, kommt dieser innere Zustand durch einen Traum zum Ausdruck. Durch die Art und Weise der Wandlung der inneren Zustände in physische durch Träume können wir uns vorstellen, wie sich die geistigen Zustände dieses Lebens im nächsten Leben verkörpern werden. Im Jenseits werden unsere Taten und deren Folgen eine bestimmte Gestalt annehmen und manifest werden, und das Verborgene, das wir von dieser Welt mitnehmen werden, wird dort aufgerollt und auf unseren Gesichtern sichtbar gemacht werden.

Diese Verkörperung unserer inneren Zustände wird der Wirklichkeit entsprechen, wie wir auch das Traumgesicht als Realität betrachten und an dessen Wirklichkeit nicht zweifeln. Da diese Wahrnehmung durch Bilder eine neue und vollkommene Manifestation Gottes ist, vollkommen und absolut, da Er der Allmächtige ist, können wir genau so gut eine neue Schöpfung – und keine Darstellung gewisser Tatsachen – nennen, die durch die mächtige Hand Gottes zustandekommt. Gott sagt:

$$فَلَا تَعْلَمُ نَفْسٌ مَّا اُخْفِيَ لَهُمْ مِّنْ قُرَّةِ اَعْيُنٍ (السجدة: ١٨)$$

»*Doch keine Seele* (die Gutes wirkt) *weiß, was für Augenweide für sie verborgen ist als Lohn für ihre Taten.*« (32 : 18)

So beschreibt Gott all diese Segnungen des Himmels als etwas Verborgenes, das keine Ähnlichkeit mit dem Irdischen aufweist. Es ist augenfällig, daß die materiellen Dinge dieser Welt für uns kein Geheimnis sind. Nicht nur kennen wir Milch, Granatäpfel, Trauben etc., sondern wir kosten sie auch. Die Früchte des Paradieses haben somit nichts mit diesen gemeinsam außer dem Namen. Wer das Paradies als einen Ort ansieht, wo die irdischen Dinge in Menge zu bekommen wären, der hat kein einziges Wort des Heiligen Qur-âns verstanden.

Zu dem Verse, den ich soeben erläutert habe, lautet ein Spruch unseres Heiligen Meisters, des Propheten Mohammad (Gottes Friede sei mit ihm!):

»*Kein Auge hat die Wonne des Himmels gesehen, noch das Ohr sie gehört, noch hat die menschliche Phantasie sie erfaßt.*«

Von den irdischen Dingen können wir freilich nicht sagen, daß wir sie nicht gesehen oder gehört oder sie uns nicht vorgestellt hätten. Gott und Sein Prophet berichten uns, daß unsere Sinne die seltsamen Dinge des Paradieses nicht zu erfaßen vermögen; und wir würden uns von der Lehre des Qur-âns entfernen mit der Annahme, daß im Jenseits auch Ströme der gleichen Milch flössen, die wir hier auf Erden von Kühen und Büffeln haben. Wie können wir, konsequent mit der Paradies-Vorstellung des Qur-âns, glauben, daß Herden

von Kühen und Büffeln im paradiesischen Gebiet aufgezogen
oder daß unzählige Honigwaben an den Bäumen hängen
und daß die Engel den Honig sammeln und ihn beständig in
die Flüsse gießen werden?

Lassen sich diese Vorstellungen mit der Lehre der Verse des
Qur-âns vereinbaren, nach denen dieser Welt die Wonne des
Jenseits fremd ist, und daß es sich um Dinge handelt, die die
Seele erleuchten und die Gotteserkenntnis erweitern und die
geistige Nahrung bilden? Es ist wahr, daß der Qur-ân sich bei
der Beschreibung dieser Freuden in materiellen Worten ausdrückt, doch wir werden gleichzeitig belehrt, daß diese Gaben
Geist und Gerechtigkeit als Ursprung haben. Niemand soll
sich vorstellen, daß der nachfolgende Vers des Heiligen Qur-
âns etwa bedeute, die Bewohner des Paradieses würden die
himmlischen Gaben von ihrem irdischen Leben her erkennen.

Der Allmächtige Gott sagt:

وَبَشِّرِ الَّذِينَ اٰمَنُوا وَ عَمِلُوا الصّٰلِحٰتِ اَنَّ لَهُمْ جَنّٰتٍ
تَجْرِى مِنْ تَحْتِهَا الْاَنْهٰرُ كُلَّمَا رُزِقُوا مِنْهَا مِنْ
ثَمَرَةٍ رِزْقًا قَالُوا هٰذَا الَّذِى رُزِقْنَا مِنْ قَبْلُ وَاُتُوا
بِهٖ مُتَشَابِهًا (البقرة : ٢٦)

*»Bringe frohe Botschaft denen, die glauben und gute
Werke tun und nicht im geringsten abirren, daß Gärten
für sie sind, auf deren Grunde Ströme fließen. Wenn
immer ihnen im Jenseits von den Früchten gegeben wird,
die sie schon auf der Erde bekommen hatten, so werden
sie der Ähnlichkeit der Früchte wegen sprechen: ›Das
ist, was uns zuvor gegeben wurde‹.«* (2:26)

Der Zusammenhang macht nun klar, daß mit den Früchten,
die die Rechtschaffenen schon in dieser Welt geschmeckt
haben (und die sie auch im Paradies genießen werden), nicht
die Früchte des irdischen Lebens gemeint sind. Das Gegenteil

anzunehmen wäre ein grober Irrtum und dem Sinn des Verses völlig fremd. Gott, der Allmächtige, sagt hier bloß, daß jene, die glauben und gute Werke tun, sich einen Garten mit eigenen Händen vorbereiten, dessen Bäume die Manifestation des Glaubens bedeuten und dessen Ströme (oder Früchte) die guten Taten sind. Sie werden die Frucht desselben Gartens auch im Jenseits kosten; nur werden die geistigen Früchte jenes Lebens wesentlich klarer und deutlicher und köstlicher sein. Aber da sie diese geistigen Früchte schon hienieden gekostet haben, werden sie die Gleichartigkeit der Früchte in diesem und dem jenseitigen Leben feststellen und ausrufen: »Diese scheinen uns die gleichen Früchte zu sein, die wir schon zuvor gekostet haben!« Sie werden die Ähnlichkeit jener Früchte mit denjenigen feststellen, die sie vom Diesseits kennen.

Somit bedeutet dieser Vers eindeutig, daß jene, die in diesem Leben die Liebe Gottes geistig kosten, im Jenseits von derselben Nahrung gespeist werden. Und da sie bereits hienieden eine Ahnung von der Köstlichkeit der Liebe Gottes gehabt und sie gekannt haben werden, werden ihre Seelen an die Zeiten erinnert, in denen sie in Einsamkeit und Dunkelheit ihren wahren Geliebten suchten und Wonne in Seinem Gedenken fanden. Der Vers spricht also nicht von den Speisen, die man hier auf Erden zu sich nimmt.

Man könnte einwenden, es sei unrichtig zu sagen, es habe kein Auge die Wonne des Himmels gesehen und kein Ohr davon gehört, und niemand sei imstande, sie sich vorzustellen, wenn die Rechtschaffenen ihre geistige Nahrung schon in dieser Welt bekommen, so daß die zwei Verse (32:18 und 2:26) im Widerspruch zueinander stünden.

Der Widerspruch besteht nur dann, wenn der Vers sich auf irdische und materielle Wonne beziehen soll. Aber er besagt keineswegs, daß die Rechtschaffenen im Jenseits die Gaben dieser Welt empfangen werden.

162

Was die Frommen hienieden genießen, sind in Wahrheit nicht die Gaben *dieses* Lebens, sondern tatsächlich die des zweiten, die ihnen als Vorfreude der Seligkeit beschieden werden, die sie im kommenden Leben in Fülle erwartet, um dadurch ihre Sehnsucht zu vergrößern.

Wir müssen auch bedenken, daß der wahrhaft Rechtschaffene eigentlich nicht irdisch ist, und daher haßt ihn auch die Welt. Er ist vom Himmel, und himmlische Segnungen werden ihm zuteil. Dem Irdischen werden die Genüsse dieser Welt zuteil, und dem Himmlischen werden die Wonnen des Himmels zuteil. Somit stimmt es, daß jene Seligkeit eine solche ist, die den Augen, den Vorstellungen und den Ohren dieser Welt in der Tat verborgen ist. Aber wer seinem sinnlichen Leben in dieser Welt ein Ende setzt, hat die Kostprobe des Bechers der geistigen Wonne schon hienieden, an dem er sich im Jenseits physisch laben wird. Dann wird er sich an jenen Becher erinnern, den er schon im irdischen Leben getrunken hatte. Gleichzeitig wird der Mensch der Tatsache gewahr werden, daß diese Himmelsfreude den Augen und den Ohren der Welt gänzlich unbekannt war.

Da auch er *in* dieser Welt, nicht aber *von* dieser Welt war, wird er bezeugen können, daß die Himmelsfreuden nicht die irdischen sind und daß er sie in dieser Welt weder gesehen noch gehört noch sich vorgestellt hatte. Erst in seinem zweiten Leben nimmt er ein Muster dieser Dinge wahr, die nicht von dieser Welt waren. Sie waren Vorzeichen der künftigen Welt, der er angehörte, und daß er eigentlich nicht ein Teil der irdischen Welt war.

Drei Erkenntnisse im Qur-ân
über das Jenseits

Der Qur-ân hat in der Regel die Zustände des Menschen nach dem Tode in drei Arten eingeteilt. Es sind dies die drei Erkenntnisse über das Jenseits, die wir hier nun einzeln behandeln werden.

DIE ERSTE ERKENNTNIS

Der Qur-ân hat wiederholt festgestellt, daß das Leben nach dem Tode kein neues Leben darstellt, sondern nur ein Abbild und eine Wahrnehmung des gegenwärtigen Lebens ist. So erklärt er:

$$\text{وَكُلَّ إِنسَانٍ أَلْزَمْنَهُ طَائِرَهُ فِى عُنُقِهِ وَنُخْرِجُ}$$

$$\text{لَهُ يَوْمَ الْقِيَامَةِ كِتَابًا يَلْقَاهُ مَنشُورًا (بنى اسرائيل : ١٤)}$$

»Einem jeden Menschen haben Wir die Folgen seiner Werke an den Nacken geheftet; und am Tage der Auferstehung werden Wir diese verborgenen Folgen sichtbar machen und ihm ein Buch vorlegen, das er entsiegelt finden wird.« (17 : 14)

Das in diesem Vers vorkommende Wort *Tâir* (Werke) muß näher betrachtet werden. *Tâir* bedeutet wörtlich ›Vogel‹ und ist in diesem Satz bildlich angewendet worden für die Werke des Menschen; denn jede Tat – eine gute oder schlechte – entfliegt wie ein Vogel, nachdem der Mensch sie vollbracht hat. Das Leid oder die Freude, die der Mensch nach einer Tat spürt, schwindet, doch hinterläßt die Tat ein Gepräge im Herzen – ein gutes oder ein schlechtes – von Fall zu Fall.

164

Der Qur-ân hat den Grundsatz offenbart, daß jede Handlung einen geheimen Abdruck im Herzen des Menschen hinterläßt und eine entsprechende Tat Gottes zur Folge hat, die das Gute bzw. das Schlechte der menschlichen Handlung aufbewahrt und ihr Gepräge nicht nur im Herzen hinterläßt, sondern auch auf dem Gesicht, in den Augen, Ohren, Händen und Füßen. Das erwähnte Buch, in welchem jede Tat aufgezeichnet wird, auch wenn dem menschlichen Auge verborgen, wird sich im Jenseits öffnen.

Über die in den Himmel Eingehenden heißt es an einer anderen Stelle:

$$\text{يَوْمَ تَرَى الْمُؤْمِنِينَ وَ الْمُؤْمِنَاتِ يَسْعَى نُوُرُهُمْ بَيْنَ أَيْدِيهِمْ وَبِأَيْمَانِهِمْ (الحديد: ١٣)}$$

»An jenem Tage wirst du die gläubigen Männer und die gläubigen Frauen sehen, inmitten der Lichtstrahlen ihres Glaubens, die in diesem Leben verborgen waren, vor ihnen und zu ihrer Rechten hervorbrechen.« (57 : 13)

Über die Ungerechten heißt es an einer anderen Stelle:

$$\text{أَلْهَاكُمُ التَّكَاثُرُ حَتَّى زُرْتُمُ الْمَقَابِرَ كَلَّا سَوْفَ تَعْلَمُونَ ثُمَّ كَلَّا سَوْفَ تَعْلَمُونَ كَلَّا لَوْ تَعْلَمُونَ عِلْمَ الْيَقِينِ لَتَرَوُنَّ الْجَحِيمَ ثُمَّ لَتَرَوُنَّهَا عَيْنَ الْيَقِينِ ثُمَّ لَتُسْأَلُنَّ يَوْمَئِذٍ عَنِ النَّعِيمِ (التكاثر: ٢-٩)}$$

»Streben um die Wette nach weltlicher Mehrung lenkt euch ab von der Suche nach dem nächsten Leben, bis ihr die Gräber erreicht. Stürzt euch nicht in die weltlichen Dinge. Ihr werdet es bald erfahren, daß die Liebe zur Welt nicht gut ist. Ich sage euch nochmals, daß ihr es bald erfahren werdet, daß die Liebe zur Welt nicht *gut ist. Wüßtet ihr's nur mit tiefem Wissen, ihr würdet die Hölle schon in diesem Leben gesehen haben. Ja, doch ihr sollt sie sicherlich sehen in der Zwischenzeit zwischen Tod und Auferstehung mit dem Auge der Gewißheit. Dann, am Tage der Auferstehung, werdet ihr zur Rechenschaft gezogen werden, und die Strafe wird euch auferlegt werden, und ihr werdet die Hölle am eigenen Leib erfahren.«* (102:2–9)

Drei Arten von Wissen

In diesen Versen stellt Gott eindeutig klar, daß das Leben in der Hölle für die Übeltäter seinen Anfang im verborgenen hier auf Erden nimmt. Sie können aber ›ihre‹ Hölle schon hienieden sehen, wenn sie darüber nachdenken.

Hier hat Gott drei Stufen der Gewissheit erwähnt: *Ilm-ul-yaqin, A'in-ul-yaqin* und *Haqq-ul-yaqin*, d. h. Gewißheit durch Folgerung, Gewißheit durch Sehen und Gewißheit durch Erleben.

Ein einfaches Beispiel mag den Gegenstand veranschaulichen. Wenn jemand in der Ferne eine Rauchsäule aufsteigen sieht, schließt er selbstverständlich auf das Vorhandensein des Feuers, da zwischen Rauch und Feuer ein untrennbarer und unbedingter Zusammenhang besteht, und wo Rauch ist, muß auch Feuer da sein. Diese Art des Wissens heißt ›Gewißheit durch Folgerung‹.

Aber wenn jemand zu dem Orte hingeht, wo der Rauch ist, und die Flammen wahrnimmt, steht er auf der zweiten Stufe der Gewißheit, nämlich der ›Gewißheit durch Sehen‹.

Die letzte Stufe der Gewißheit erlangt der Mensch dann, wenn er ganz dicht an das Feuer hintritt und die Hitze spürt; dies heißt dann ›Gewißheit durch Erleben‹.

Gott sagt hier, daß man die Gewißheit der ersten Stufe

(durch Folgerung) über die Hölle in dieser Welt erlangen
kann, aber die Zwischenzeit zwischen Tod und Auferstehung wird die Hölle dem menschlichen Auge noch näher
bringen; während die dritte Stufe der Gewißheit (durch Erleben) erst bei der Auferstehung wahrzunehmen sein wird.

Drei Welten – oder drei Zustände

Es muß uns klar sein, daß der Heilige Qur-ân drei Welten
oder drei verschiedene Stadien (des menschlichen Lebens)
beschrieben hat.

Die erste Welt ist das Diesseits, das auch die Welt des
Verdienstes und der ersten Geburt genannt wird. Hier voll-
bringt der Mensch seine guten oder schlechten Taten. Die
Förderung des Menschen nach seiner Auferstehung ist aus-
schließlich eine Gnade Gottes und daher vom menschlichen
Streben unabhängig.

Die zweite Welt heißt *Barsakh* (die Zwischenstation). Das
Wort im Arabischen bedeutet ›Zwischenraum‹. Da dieser
Zustand zwischen Diesseits und Auferstehung liegt, heißt er
Barsakh. Dieses Wort ist seit jeher im Gebrauch gewesen und
birgt einen großartigen Beweis dafür in sich, daß es eine Welt
gibt, die zwischen Diesseits und Jenseits liegt.

In unserem Werk ›MINAN-UR-RAHMAN‹ wurde gezeigt, daß
die Worte der arabischen Sprache die Worte aus dem Munde
Gottes sind und daß es die einzige Sprache ist, die die
Sprache des Hohen, Heiligen Gottes ist: die älteste aller
Sprachen und die Quelle, der alles Wissen entfließt, die
Mutter aller Sprachen und der erste sowie der letzte Träger
der göttlichen Offenbarung, weil Arabisch das Wort Gottes
war, das von Anfang an mit Gott war und zuletzt der Welt
offenbart wurde, wonach die Menscheit ihre Sprachen zu

bilden lernten. Sie ist der letzte Träger der göttlichen Offenbarung, weil das letzte göttliche Buch, der Heilige Qur-ân, ebenfalls in Arabisch offenbart wurde.

Barsakh ist ein arabisches Wort und besteht aus *Sakha* und *barra* was bedeutet, daß die Zeit des Verdienstes vorüber und in einen Zustand des Unfaßbaren geraten ist. *Barsakh* ist demzufolge der Zustand, in dem die Seele den sterblichen Körper verläßt, und die vergängliche irdische Hülle sich zersetzt. Der Körper wird bekanntlich in eine Grube versenkt, und so wird sich auch die Seele in eine Art Grube senken, wie der Ausdruck *Sakha* andeutet; denn sie verfügt nicht mehr über die Kraft, das Gute oder das Böse zu tun, wie sie es zusammen mit dem Körper zu tun vermochte. Es ist offensichtlich, daß eine gesunde Seele von einem gesunden Körper abhängt. Ein an eine gewisse Stelle des Gehirns gerichteter Schlag hat den Verlust des Gedächtnisses zur Folge, während die Verletzung anderer Hirnregionen die Ordnung der Gedanken zerstört oder zur Bewußtlosigkeit führt. In gleicher Weise sind der Krampf des Gehirns, der Muskeln oder die Schwellung, die Blutung und Kränklichkeit des Gehirns durch Verstopfung Ursachen der sofortigen Bewußtlosigkeit, Fallsucht und des Schlagflusses.

Unsere lange Erfahrung zeigt uns somit klar, daß die Seele nach dem Abbruch der Verbindung mit dem Körper nichts ausrichten kann. Es ist eitel zu behaupten, daß die Seele allein, vom Körper losgetrennt, je die Glückseligkeit erfahren kann. Diese Annahme mag uns wie ein Märchen erfreuen, aber Vernunft und Erfahrung unterstützen sie keineswegs. Es ist für uns unbegreiflich, wie die Seele, die im täglichen Leben von der geringsten Störung des Körpers beeinflußt wird, auch ihren perfekten, gesunden Zustand aufrechterhalten könnte, wenn sie vom Körper vollständig gelöst wird. Zeigt uns unsere tägliche Erfahrung nicht, daß die Gesundheit der Seele von der Gesundheit des Körpers abhängt?

168

Wird ein Mensch altersschwach, so schwächt sich auch seine Seele, und das hohe Alter beraubt ihn der Fülle seines Wissens, wie Gott der Allmächtige sagt:

$$\text{لِكَيْلَا يَعْلَمَ مِنْ بَعْدِ عِلْمٍ شَيْئًا (الحج : ٦)}$$

»Der Mensch wird zu einem hinfälligen Greisenalter zurückgeführt, so daß er, nachdem er Kenntnis besaß, nun nichts mehr weiß.« (22:6)

Unsere Beobachtungen stellen hinlänglich klar, daß die Seele ohne Körper nichts ist. Dies wird bekräftigt durch die Überlegung, daß wenn sie Wert auch ohne Körper hätte, so würde dies heißen, daß die Tat Gottes sie mit einem sterblichen Körper versehen zu haben, bedeutungslos wäre. Weiter können wir nicht die Tatsache außer acht lassen, daß Gott den Menschen zu unbegrenztem Fortschritt erschaffen hat. Wenn die Seele nun außerstande ist, Förderung in diesem kurzfristigen Leben ohne den Körper zu erzielen, wie könnte sie die höhere Stufe des unbegrenzten Fortschritts im nächsten Leben ohne einen Körper erreichen?

Mannigfaltige Beweise führen dazu, daß, wie auch der Islam lehrt, die vollkommene Entfaltung der Seele davon abhängt, daß sie eine immerwährende Verbindung mit einem Körper erhält. Ohne Zweifel besteht keine Verbindung der Seele mehr mit dem irdischen Körper nach dem Tode, aber in *Barsakh* bekommt jede Seele vorübergehend einen neuen Körper, um sie einigermaßen die Belohnung oder die Strafe für ihre in diesem Leben begangenen Taten entgelten zu lassen. Jene Hülle aber ist nicht wie die irdische, sondern eine helle, bzw. dunkle Hülle, je nach den Taten des Betreffenden in diesem Leben. Mit anderen Worten, die Taten des Menschen hienieden dienen als Körper für die Seele im Jenseits.

So hat das Wort Gottes mehrere Male erklärt, daß manche
Körper hell und manche dunkel sein werden, denn das Licht
der guten Taten, beziehungsweise die Finsternis der schlechten, bereitet sie vor. Dies mag als etwas Geheimnisvolles
erscheinen, aber es widerspricht der Vernunft nicht. Ein vollkommener Mensch kann selbst hienieden eine lichterfüllte
Hülle neben seinem irdischen Körper erwerben. Die Welt der
Visionen liefert viele Beispiele von solchen Erlebnissen.

Der gewöhnliche menschliche Verstand vermag dies nicht
ohne weiteres zu begreifen, weil es jenseits seines Fassungs-
vermögens liegt. Aber diejenigen, die über ein scharfes, geisti-
ges Sehvermögen und über Erlebnisse aus der Welt der Visionen verfügen, verstehen mühelos, wie eine helle oder dunkle
Hülle für die Seele aus den Taten des Menschen entsteht.

Solche Menschen betrachten dieses Phänomen nicht mit
Verwunderung und Skepsis, sondern begreifen es und schätzen es.

Kurz, der neue Körper, der einem Menschen seinen Taten
entsprechend gegeben wird, ist in der Zwischenzeit (*Barsakh*)
ein Mittel zur Belohnung für seine Taten. Ich habe persönliche Erfahrung dieser Tatsache und erlebte oft während des
Wachseins Visionen, in denen ich den Toten begegnete. Ich
sah manchen Bösewicht und Irregegangenen mit einem gar
dunklen Körper, als wäre dieser Körper aus Rauch geschaffen.
Ich habe persönliche Bekanntschaft mit diesen Dingen und
stelle mit Nachdruck fest, daß, wie der allmächtige Gott
erklärt, jeder nach dem Tode einen durchsichtigen oder dunklen Körper erhält.

Es wäre ein Irrtum, wenn der Mensch versuchen sollte,
dieses feine Wissen nur mit Verstand zu begründen. Man
muß sich vergegenwärtigen, daß ein Auge nicht als Organ
des Geschmacks dienen und daß die Zunge wohl schmecken,
nicht aber sehen kann. In ähnlicher Weise können die tiefen
Geheimnisse des Jenseits, die nur durch unverfälschte Visi-

onen enthüllt werden können, nicht durch den Verstand entdeckt werden. Der Allmächtige Gott hat in dieser Welt gewisse Regeln und Gesetze erlassen und gewisse Mittel gegeben, um die Erkenntnis über bestimmte Phänomene zu erlangen. Suchet daher jedes Ding mit den geeigneten Mitteln, und dann werdet ihr es auch finden.

In diesem Zusammenhang muß festgehalten werden, daß das Wort Gottes die Sünder und die Irregegangenen als Tote und die Rechtschaffenen als Lebende bezeichnet hat. Der Grund ist, daß diejenigen, die in dieser Welt Gott nicht erkannten, mit ihrem Tod von den Mitteln zu ihrer Erhaltung wie Essen, Trinken und der Befriedigung anderer Leidenschaften, abgeschnitten werden. Sie haben also keinen Anteil an der geistigen Nahrung und sind infolgedessen tot; und ihre Auferstehung wird nur zum Zwecke ihrer Bestrafung stattfinden. Darauf weist der allmächtige Gott hin, wenn Er erklärt:

إِنَّهُ مَنْ يَأْتِ رَبَّهُ مُجْرِمًا فَإِنَّ لَهُ جَهَنَّمَ لَا يَمُوتُ فِيهَا وَلَا يَحْيَى (اللّٰه : ٥٠)

»Wahrlich, wer im Zustande der Sündigkeit zu seinem Herrn kommt, für den ist die Hölle; darin soll er weder sterben noch leben.« (20:75)

Jene, die Gott lieben, sterben hingegen nicht mit dem Ableben ihres Körpers, denn sie tragen die Mittel ihrer Erhaltung bei sich.

Nach dem Zustand des *Barsakh* folgt der Zustand der Auferstehung, worin jede Seele, gute oder böse, rechtschaffene oder ungehorsame, einen sichtbaren Körper erhalten wird. Der Tag der Auferstehung ist der Tag der vollkommenen Manifestation der Herrlichkeit Gottes, an dem jeder das Dasein Gottes absolut erkennen wird. An jenem Tag wird jeder den Höhepunkt seiner Belohnung erlangen. Wie all dies geschehen wird, ist kein Grund zur Verwunderung, denn Gott ist allmächtig, und Er tut, was Er will. Er sagt:

$$
\text{اَوَلَمْ يَرَ الْاِنْسَانُ اَنَّا خَلَقْنَاهُ مِنْ نُطْفَةٍ فَاِذَا}
$$

$$
\text{هُوَ خَصِيمٌ مُبِينٌ وَضَرَبَ لَنَا مَثَلًا وَنَسِيَ خَلْقَهُ}
$$

$$
\text{قَالَ مَنْ يُحْيِ الْعِظَامَ وَهِيَ رَمِيمٌ قُلْ يُحْيِيهَا}
$$

$$
\text{الَّذِىٓ اَنْشَاَهَا اَوَّلَ مَرَّةٍ وَهُوَ بِكُلِّ خَلْقٍ عَلِيمٌ}
$$

$$
\text{اَوَلَيْسَ الَّذِى خَلَقَ السَّمٰوٰتِ وَالْاَرْضَ بِقَادِرٍ عَلٰٓى}
$$

$$
\text{اَنْ يَّخْلُقَ مِثْلَهُمْ بَلٰى وَهُوَ الْخَلَّاقُ الْعَلِيمُ اِنَّمَاۤ اَمْرُهُ}
$$

$$
\text{اِذَاۤ اَرَادَ شَيْئًا اَنْ يَّقُولَ لَهُ كُنْ فَيَكُونُ فَسُبْحٰنَ}
$$

(يٰس : ٧٨ ـ ٨٣) $\quad$ الَّذِى بِيَدِهِ مَلَكُوتُ كُلِّ شَيْءٍ وَاِلَيْهِ تُرْجَعُونَ

»Weiß der Mensch nicht, daß Wir ihn aus einem Samen-tropfen, eingespritzt in den Mutterleib, erschufen? Und siehe da, er ist ein beharrlicher Widersacher. Er redet eitel von Uns und vergißt seine eigene Schöpfung. Er spricht: ›Wie wird der Mensch wachgerufen werden, und wer wird die Gebeine beleben, wenn sie vermodert sind? Wer hat die Macht, ihn zu beleben?‹ Sprich: ›Er, Der sie das erste Mal erschuf, Er wird sie beleben; denn Er kennt jegliche Art von Schöpfung‹.« (36:78–80)
»Sein Befehl ist von solcher Macht, daß wenn Er ein Ding will, Er spricht: ›Sei!‹, und es ist. Heilig ist Er, in Dessen Hand die Herrschaft über alle Dinge ist. Und zu Ihm sollt ihr zurückgebracht werden.« (36:82–84)

Der Allmächtige Gott erklärt in diesen Versen, daß bei Ihm nichts unmöglich ist. Kann nicht der, Der den Menschen das erste Mal aus dem Nichts erschaffen konnte, fähig sein, den Menschen wieder ins Leben zu rufen?

172

Der Unwissende könnte einwenden, daß, da eine gewisse Zeit verstreichen muß, bevor der Mensch zum dritten Zustand der endgültigen Auferstehung gelangt, der Zwischenort *Barsakh* (wo sich die guten sowie die bösen Seelen einstweilen aufhalten müssen) nichts Besseres bedeutet als ein zweckloser Gewahrsam.

Dieser Gedanke ist ein Irrtum und beruht auf bloßem Unwissen.

Das Wort Gottes erwähnt zwei Orte, wo die Guten und die Bösen für ihre Taten belohnt werden, einer davon nennt sich *Barsakh,* wo jeder im geheimen seine Belohnung in Empfang nehmen wird. Die Bösen werden nach ihrem Tod die Hölle betreten, und die Guten werden ebenfalls erst nach ihrem Tod die Annehmlichkeiten des Paradieses genießen.

Der Heilige Qur-ân ist reich an Versen, die besagen, daß der Mensch die Belohnung seiner Taten gleich nach dem Tod entgegennimmt. Er sagt also in bezug auf einen, dem das Paradies bestimmt war:

$$\text{قِيْلَ ادْخُلِ الْجَنَّةَ} \; (\text{يٰس} : ٢٧)$$

»*Da wird zu ihm gesprochen: ›Geh ein ins Paradies‹.*«
(36:27)

In gleicher Weise heißt es von einem rechtschaffenen Menschen, der ins Paradies einging und dort seinen ungläubigen Freund suchte, der aber in der Hölle büßte.
Dazu sagt der Qur-ân:

$$\text{فَرَاٰهُ فِىْ سَوَآءِ الْجَحِيْمِ} \; (\text{الصّٰفّٰت} : ٥٦)$$

»*Dann wird er schauen und ihn* (d.h. den Freund) *inmitten des Feuers sehen.*« (37:56)

Bestrafung und Belohnung werden somit gleich nach dem

Tod zuteil, und die für die Hölle Bestimmten werden ihr sofort überantwortet, und die für das Paradies Bestimmten werden sogleich ins Paradies eingehen.

Der Tag der Auferstehung aber ist der Tag der Wahrnehmung der höchsten Herrlichkeit Gottes, den Seine transzendentale Weisheit letzten Endes herbeiführt. Gott erschuf den Menschen, damit Er als der Schöpfer erkannt und anerkannt werde; Er wird dereinst alles vernichten, damit Er auch als der Überlegene erkannt und anerkannt werde; und zuletzt wird Er alles wieder beleben und jedem ein vollkommenes Leben geben und alle zusammenführen, damit Er als der Allmächtige erkannt und anerkannt werde.

Dies ist die erste der drei Erkenntnisse.

Die zweite Erkenntnis

Die zweite Erkenntnis, die der Heilige Qur-ân betreffs des zweiten Lebens anführt, ist, daß die geistigen Tatsachen dieses Lebens im Jenseits verkörpert werden, seien sie nun in *Barsakh* oder bei der endgültigen Auferstehung.

Eine der Stellen des Qur-âns hierüber lautet:

$$\text{مَنْ كَانَ فِي هٰذِهٖ أَعْمٰى فَهُوَ فِي الْأٰخِرَةِ أَعْمٰى وَأَضَلُّ}$$
$$\text{سَبِيلًا (بَنِى اِسْرَائِيل : ٧٣)}$$

»Wer aber blind ist in dieser Welt, der wird auch im Jenseits blind sein... « (17 : 73)

Mit anderen Worten, die geistige Blindheit dieses Lebens wird im nächsten Leben augenfällig werden und wie die richtige Blindheit in Erscheinung treten.

Weiter sagt der Heilige Qur-ân:

$$\overset{\text{في}}{\longleftarrow} \text{ ثُمَّ صَلُّوهُ ثُمَّ الْجَحِيمَ فَعَلُّوهُ خُذُوهُ}$$

$$\text{(الحاقة: ٣١-٣٣)} \quad \text{فَاسْلُكُوهُ ذِرَاعًا سَبْعُونَ ذَرْعُهَا سِلْسِلَةٍ}$$

*»Ergreifet ihn (den für die Hölle Bestimmten), und
fesselt ihn um den Nacken, dann verbrennt ihn in der
Hölle. Dann legt ihn in eine Kette, deren Länge siebzig
Ellen ist.«* (69:31–33)

Hier muß beachtet werden, daß die seelische Folter dieser
Welt als körperliche Strafe im Jenseits geschildert worden ist.
Die erwähnte Kette z. B. stellt die weltlichen Wünsche dar,
die den Menschen der Erde zugeneigt machen und die dann
eine handgreifliche Form annehmen werden. So wird die
Verwicklung des Menschen in weltliche Angelegenheiten im
Jenseits als Fesseln an den Füßen erscheinen. Das Sodbren-
nen der weltlichen Begierden wird offenbar als flammendes
Feuer auftauchen. Der Lasterhafte trägt in der Tat selbst
hienieden eine Hölle von Leidenschaften und unauslöschba-
ren irdischen Wünschen mit sich herum und empfindet das
Brennen dieser Hölle bei jedem Mißerfolg und bei jeder
Entäuschung. Wenn er aber von seinen weltlichen Wünschen
getrennt und einer dauernden Hoffnungslosigkeit unterliegen wird, wird Gott dieses sein Sodbrennen und bitteres
Seufzen über seine Begierden die Gestalt brennenden Feuers
annehmen lassen, wie es steht:

$$\text{(سبأ: ٥٤)} \quad \text{وَحِيلَ بَيْنَهُمْ وَبَيْنَ مَا يَشْتَهُونَ}$$

*»Ein Abgrund wird gelegt werden zwischen ihnen und
dem, wonach sie begehren – und dies wird der Anfang
der Pein sein.«* (34:55)

Das Binden mit ›einer Kette, deren Länge siebzig Ellen ist‹, ist
ein Hinweis darauf, daß der Sündige oft ein Alter von siebzig
Jahren erreichen mag, und er verbringt seine siebzig Jahre

meistens in Verruchtheit. Manchmal genießt er sogar volle siebzig Jahre seines Lebens, wenn wir auch von den Jahren seiner Kindheit und der seiner Altersschwäche absehen. Diese siebzig Jahre, während derer er gut in Weisheit, Eifer und Fleiß hätte wirken können, vergeudet aber der Unglückliche durch die Verwicklung mit der Welt und will sich von der Kette seiner Begierden nicht losmachen, und demzufolge wird die Kette seiner Sünden, denen er sich für siebzig Jahre lang ergab, in einer Kette verkörpert werden, deren Länge siebzig Ellen ist – jede Elle steht also für ein Jahr seines Lebens.

Gott der Allmächtige fügt dem Menschen von Sich aus kein Unglück zu, sondern Er legt einfach dem Menschen seine eigenen schlechten Taten vor. Diese göttliche Regel treffen wir im Heiligen Qur-ân in den folgenden Worten an:

$$ اِنْطَلِقُوٓا اِلٰى ظِلٍّ ذِى ثَلٰثِ شُعَبٍ لَّا ظَلِيْلٍ $$
$$ وَّلَا يُغْنِىْ مِنَ اللَّهَبِ \quad (المرسلت: ٣١-٣٢) $$

»(O ihr Verruchten und Irregegangenen!) *Geht hin zu einem Schatten, der drei Wandlungen hat, die keine Erleichterung vor der Hitze bieten, noch vor der Flamme schützen.*« (77:31, 32)

Die hier erwähnten drei Wandlungen (oder drei Zweige) stellen die Bestialität, Wildheit und Eitelkeit dar. Jene, die diese Veranlagungen nicht mäßigen und sie nicht ins Moralische verwandeln, werden am Jüngsten Tag ihren Zustand im Bild dreier entlaubter Zweige sehen, die vor der Hitze keinen Schutz gewähren. Folglich werden solche Menschen in der Hitze verbrennen. Die gleiche Regel über die Bewohner des Paradieses erläutert der allmächtige Gott im Qur-ân folgendermaßen:

$$ يَوْمَ تَرَى الْمُؤْمِنِيْنَ وَ الْمُؤْمِنٰتِ يَسْعٰى نُوْرُهُمْ $$

بَيْنَ أَيْدِيهِمْ وَبِأَيْمَانِهِمْ (الحديد : ١٣)

»An jenem Tag wirst du die gläubigen Männer und die
gläubigen Frauen sehen, indes die Strahlen ihres Lichtes, die in der Welt verborgen waren, vor ihnen und zu
ihrer Rechten hevorbrechen.« (57 : 13)

In einem anderen Vers sagt Er:

يَوْمَ تَبْيَضُّ وُجُوهٌ وَّتَسْوَدُّ وُجُوهٌ (آل عمران : ١٠٦)

»An dem Tage, da manche Gesichter weiß und hell sein
werden und manche Gesichter schwarz.« (3 : 107)

Weiter:

مَثَلُ الْجَنَّةِ الَّتِي وُعِدَ الْمُتَّقُونَ فِيهَا أَنْهَرٌ مِّنْ
مَّاءٍ غَيْرِ اسِنٍ وَأَنْهَرٌ مِّنْ لَّبَنٍ لَّمْ يَتَغَيَّرْ طَعْمُهُ
وَأَنْهَرٌ مِّنْ خَمْرٍ لَّذَّةٍ لِّلشَّارِبِينَ وَأَنْهَرٌ مِّنْ
عَسَلٍ مُّصَفًّى (محمد : ١٥)

»Ein Bild von dem Garten, der den Rechtschaffenen
verheißen ward: Darin sind Ströme von Wasser, das
nicht verdirbt, und Ströme von Milch, deren Geschmack
sich nicht ändert, und Ströme von Wein, der nicht
berauscht, köstlich für die Trinkenden, und Ströme geläuterten, reinen Honigs.« (47 : 16)

Hier wird eindeutig klargestellt, daß das verheißene Paradies
gleichnishaft eine Kundgebung der unendlichen Ozeane aller
erwähnten Dinge ist. Das Wasser des Lebens, das der Gotteserkenner in dieser Welt nur bildlich trinkt, wird im Jenseits
als Strom erscheinen; die geistige Milch, die ihn im Leben
hienieden wie ein Kind ernährt, wird dort ein Fluß von Milch
werden; der Wein der Liebe Gottes, der ihn in dieser Welt

berauschte, wird ihm im Paradies in der Form von Strömen von Wein begegnen; und der süße Honig des Glaubens, den der mit Gotteserkenntnis Begabte hienieden geistig genoß, wird ihm im Himmel in sichtbaren Strömen zufließen. Jeder Bewohner des Himmels wird seinen geistigen Zustand durch seine Gärten und Ströme offen kundtun, und selbst Gott wird Sich an jenem Tage den Bewohnern des Paradieses ohne verhüllende Schleier zeigen. Die geistigen Zustände des Menschen werden also nicht mehr verborgen bleiben, sondern physisch zutage treten.

Die dritte Erkenntnis

Die dritte Erkenntnis liegt darin, daß die Möglichkeiten zur Vervollkommnung für den Menschen im Jenseits keine Grenzen kennen werden.

Das Wort Gottes berichtet:

$$
وَالَّذِينَ اٰمَنُوا مَعَهُ نُورُهُمْ يَسْعٰى بَيْنَ
أَيْدِيهِمْ وَبِأَيْمَانِهِمْ يَقُولُونَ رَبَّنَا أَتْمِمْ لَنَا
نُورَنَا وَاغْفِرْ لَنَا إِنَّكَ عَلٰى كُلِّ شَيْءٍ قَدِيرٌ (التحريم : ٩)
$$

»*Und die mit ihm* (dem Propheten) *glaubten, ihr Licht wird vor ihnen her eilen und zu ihrer Rechten leuchten. Sie werden ständig sprechen, ›Unser Herr, mache unser Licht für uns vollkommen, und nimm uns in Deinen Schutz, denn Du vermagst alle Dinge zu tun‹.*« (66:9)

Dieser unaufhörliche Wunsch nach Vervollkommnung ihres Lichtes weist auf den unendlichen Fortschritt im Jenseits hin. Denn, wenn die Bewohner des Paradieses eine Stufe der vollkommenen Erleuchtung erreicht haben werden, werden sie eine höhere Stufe sehen und wünschen, diese auch zu erreichen, da die bisherige Stufe in ihren Augen nun als unvollkommen gelten wird. Wenn sie aber den nächsten Rang erlangt haben werden, werden sie eine noch höhere, dritte Stufe der Vollkommenheit erblicken, und so werden sie immerwährend für die Erreichung der höheren und noch höheren Stufen beten. Dieses unablässige Begehren nach Vollkommenheit ist es, was die Worte ›Mache unser Licht für uns vollkommen‹ enthalten.

Kurz, diese Kette der Entwicklung wird kein Ende finden, und sie werden keinen Schritt zurückweichen, noch jemals aus dem Paradies ausgewiesen werden, sondern sie werden jeden Tag vorwärts gehen.

Die Frage stellt sich, wozu denn die Bitte um ›Vergebung‹ (oder ›Schutz‹, wie das arabische Wort *maghferat* heißt), nachdem die Rechtschaffenen das Paradies betreten und damit die Vergebung Gottes bereits erfahren haben?

Die Antwort liegt im Wort *maghferat* selbst, welches bedeutet: ›einen unzulänglichen und mangelhaften Zustand unterdrücken und zudecken‹.

Die Bewohner des Paradieses werden ständig um Erreichung des Zustandes der Vollkommenheit und um die vollständige Versunkenheit ins Licht bitten. Da sie ewig aufwärts gehen werden, werden sie jede Stufe als unvollkommen ansehen im Vergleich zu der höheren, nach der sie trachten und deshalb zu Gott beten werden, den unvollkommenen Zustand zu beheben und ihnen den weiteren Aufstieg zu ermöglichen. Ihr Begehren nach *maghferat* oder der Unterdrückung der unvollkommenen Zustände wird daher unstillbar sein, da ihr Fortschritt in gleicher Weise unbeschränkt ist.

Der Vers wirft Licht auf die wahre Bedeutung des Wortes *istighfar* (d.h. ›um Vergebung oder Schutz bitten‹). Manche Unwissende wenden sich gegen dieses Wort im Qur-ân in bezug auf den Heiligen Propheten (und meinen, er habe gesündigt und darum bitte er um Vergebung). Wir hoffen,

179

daß es bislang verständlich gemacht werden konnte, daß der Wunsch nach *istighfar* eigentlich der Stolz des Menschen ist. Wer von einer Frau geboren ist und nicht immer wieder zu *istighfar* zurückkehrt, ist kein Mensch, sondern ein Wurm. Er ist blind und sieht nicht; er ist unrein und nicht lauter.

Zusammenfassend können wir feststellen, dem Heiligen Qur-ân gemäß sind beide, Himmel und Hölle, das Abbild und die Manifestation des menschlichen Lebens auf Erden. Sie stellen nichts Materielles dar, was von außen her käme. Sie werden zwar sichtbar erscheinen, sind aber in der Tat die Verkörperung und Zurückstrahlung unserer geistigen Zustände in dieser Welt. Wir glauben an kein materielles Paradies, wo Bäume wie hier auf Erden gepflanzt werden, noch an eine Hölle, die wirklich Schwefel usw. ausströmt. Nach der islamischen Glaubenslehre sind Himmel und Hölle vielmehr Abbilder unserer Taten.

Was ist der Sinn
des menschlichen Lebens
hienieden,
und welches sind die Mittel,
diesen zu erfüllen?

Die in dieser Konferenz zur Diskussion gestellte dritte Frage
betrifft den Sinn des menschlichen Lebens auf Erden und die
Mittel, durch die das Ziel zu erreichen ist. Viele Menschen
setzen sich aus Unverstand oder Unentschlossenheit Lebens-
ziele, die kaum über die Befriedigung der niedrigen Wünsche
und das Genießen dieses Lebens hinausgehen. Aber das Ziel,
das der Allmächtige Gott in Seinem Wort dem Menschen
gesetzt hat, ist folgendes:

وَمَا خَلَقْتُ الْجِنَّ وَالْإِ نْسَ إِلَّا لِيَعْبُدُونِ (الذاريات: ٥٦)

*»Ich habe den Dschinn und die Menschen erschaffen,
daß sie Mich erkennen und Mir dienen.«* (51 : 57)

Der wahre Sinn des menschlichen Lebens liegt diesem Vers
zufolge allein in der Verehrung Gottes und in Seiner wahren
Erkenntnis und in der vollkommenen Ergebenheit in Seinen
Willen. Eines ist klar: Der Mensch hat keine Befugnis, den
Zweck seines Lebens selbst zu bestimmen. Weder kommt er
in die Welt noch verläßt er sie nach Belieben. Er ist ein
Geschöpf, und der Schöpfer, Der ihn mit besseren und höheren Fähigkeiten ausgestattet hat als die übrigen Lebewesen,
hat ihm auch ein Ziel für sein Dasein bestimmt. Der Mensch
mag dieses Ziel erfassen oder nicht, die Wahrheit bleibt, daß
der hohe Lebenszweck des Menschen darin besteht, Gott zu
erkennen, Ihm zu dienen und das Leben im Trachten nach
Seinem Wohlgefallen zu führen.

Gott der Allmächtige sagt an anderer Stelle im Heiligen
Qur-ân:

إِنَّ الدِّينَ عِنْدَ اللهِ الْإِسْلَامُ (آل عمران : ٢٠)

فِطْرَتَ اللهِ الَّتِي فَطَرَ النَّاسَ عَلَيْهَا لَا تَبْدِيلَ
لِخَلْقِ اللهِ ذَلِكَ الدِّينُ الْقَيِّمُ (الرۇم : ٣١)

»Gewiß, die wahre Religion – die die vollkommene Gotte-
serkenntnis ermöglicht und zu den vortrefflichen Wegen
Seines Dienstes führt – ist der Islam.« (3:20)
»Der Islam wohnt der Natur des Menschen inne, und
Gott hat den Menschen im Einklang mit dem Islam und
für den Islam erschaffen... ; das ist der rechte Glaube.«
(30:31)

Das heißt, Er will, daß der Mensch seine Fähigkeiten der Liebe, dem Gehorsam und der Andacht zu Gott widmen soll. Daher hat der Allmächtige Gott den Menschen mit allen Fähigkeiten ausgestattet, die dem Islam (wörtlich: ›Gottergebenheit‹) angepaßt sind.

Wir können auf eine ausführliche Darlegung dieser Verse nicht eingehen; das Thema haben wir einigermaßen schon im dritten Teil der ersten Frage behandelt. Hier wollen wir uns nur damit begnügen, einige Bemerkungen über die wunderbare Eignung der menschlichen Fähigkeiten für die Lehre des Islams anzuführen.

Die inneren sowie die äußeren Gaben der menschlichen Natur zeigen klar, daß der höchste Zweck für deren Erschaffung die Liebe und die Erkenntnis Gottes und Seine Verehrung sind. Diese Tatsache läßt sich dadurch beweisen, daß der Mensch – mag er sich auch noch so vieler Belustigungen erfreuen und an vielen Geschäften teilnehmen – die wahre Glückseligkeit ohne Gott nicht erfahren kann. Der Mensch als der reichste Millionär, als der höchste Beamte, als der erfolgreichste Handelsmann, als der mächtigste König oder als der weiseste Philosoph, verläßt einst die Verwicklungen dieser Welt mit großem Bedauern. Sein Herz hält ihm stets seine Versunkenheit in die weltlichen Sorgen vor, und sein Gewissen spricht ihn des Truges und der unrechtmäßigen Mittel schuldig, die er für sein weltliches Gedeihen anwandte.

Der Kluge kann die Frage in einem anderen Licht betrachten: Die höchste Grenze, die durch die Fähigkeiten eines bestimmten Lebewesens erreicht werden kann, stellt gleichzeitig auch den Sinn seiner Erschaffung dar. Der Ochse, z. B. kann nur Furchen ziehen, Wasser schöpfen oder als Lasttier dienen. Seine Kräfte gehen über diese Arbeiten nicht hinaus; somit bilden diese drei Aufgaben auch den Zweck seiner Schöpfung. Untersuchen wir jedoch die dem Menschen innewohnenden Fähigkeiten, um herauszufinden, welche seine höchste Fähigkeit ist, so kommen wir zu dem Schluß, daß seine überragende Fähigkeit diejenige ist, die ihn zur Suche nach Gott dem Hohen lockt und ihn veranlaßt, sein Selbst im Trachten nach Ihm völlig zu verlieren und sich vollständig Seinem Willen zu ergeben. Die Tiere sind ihm auf der Ebene der körperlichen Bedürfnisse gleichgestellt. In Geschicklichkeit sind manche Tiere dem Menschen überlegen. Selbst die Bienen erzeugen Honig aus dem Saft der Blumen mit einer unnachahmlichen Geschicklichkeit, und es ist dem Menschen bis jetzt nicht gelungen, desgleichen herzustellen. Mithin ist klar, daß der Mensch seine höchste Vollkommenheit darin erlangt, daß er eins wird mit Gott. Das wahre Ziel des menschlichen Lebens liegt also darin, daß sich das Fenster seines Herzens gegen Gott öffnet.

Die Mittel, um das Ziel des menschlichen Daseins zu erreichen

Die Frage stellt sich: Wie ist dieses Ziel zu erreichen, und welche Mittel benötigt der Mensch dazu? Das allererste Mittel als Vorbedingung zur Erreichung dieses Zieles ist die echte Erkenntnis Gottes auf dem rechten Pfad und daß man seinen Glauben dem wahren Gott schenkt. Wer den ersten Schritt in die verkehrte Richtung macht, kann das Ziel niemals erreichen. Dies ist der Fall desjenigen, der einen Vogel oder ein Tier, ein Naturelement oder ein Menschenkind als Gott ansieht. Der wahre Gott hilft jenen, die Ihn suchen, aber eine leblose Gottheit kann ihren toten Dienern nicht beistehen. Der Allmächtige Gott hat dies durch ein schönes Gleichnis bildlich veranschaulicht. So steht im Qur-ân:

لَهُ دَعْوَةُ الْحَقِّ وَالَّذِينَ يَدْعُونَ مِنْ دُونِهِ لَا يَسْتَجِيبُونَ لَهُمْ بِشَيْءٍ إِلَّا كَبَاسِطِ كَفَّيْهِ إِلَى الْمَاءِ لِيَبْلُغَ فَاهُ وَمَا هُوَ بِبَالِغِهِ وَمَا دُعَاءُ الْكَافِرِينَ إِلَّا فِي ضَلَالٍ (الرعد: ١٥)

»Ihm, dem wahren Gott, gebührt das wahre Gebet, Dem, Der alle Dinge zu tun vermag. Und jene, die sie statt Ihn anrufen, schenken ihnen kein Gehör. Ihr Fall ist dem gleich, der seine beiden Hände nach Wasser ausstreckt, damit es seinen Mund erreiche. Wird es denn seinen Mund erreichen? Niemals. Und das Gebet derjenigen, die den wahren Gott nicht kennen, ist bloß ein verschwendetes Gestammel.« (13:15)

Das zweite Mittel, das Ziel des Lebens zu erreichen, liegt im Wissen um die vollkommene Schönheit des göttlichen Wesens, denn Schönheit lockt das Herz, und ihr Anblick weckt in ihm die Liebe. Die Schönheit des Allmächtigen Gottes besteht in Seiner Einheit, Seiner Majestät, Seiner Größe und Seinen anderen Attributen, wie der Heilige Qur-ân sagt:

قُلْ هُوَ اللَّهُ أَحَدٌ اللَّهُ الصَّمَدُ لَمْ يَلِدْ وَلَمْ يُولَدْ وَلَمْ يَكُنْ لَهُ كُفُوًا أَحَدٌ (الاخلاص: ٢-٥)

»Gott ist allein und einzig in Seiner Person, Seinen Eigenschaften und Seiner Glorie. Er hat keinen Partner.

188

Alles bedarf Seiner Hilfe. Jedes Teilchen auf dieser Welt
verdankt Ihm sein Dasein. Er ist die Quelle der Gnade
für alle Dinge und braucht Selbst Gnade von nieman-
dem. Er zeugt nicht und ward nicht gezeugt, denn Er hat
keinen Gefährten, und keiner ist Ihm gleich.«
(Erläuterung der Sura 112)

Der Qur-ân ist voll von Versen, die die Allmacht, Majestät
und Glorie Gottes verkünden. Er zeigt uns einen Gott, Den
allein die Herzen begehren, und nicht die angeblichen Gottheiten, die tot, schwach, unbarmherzig oder machtlos sind.

Das dritte Mittel, das uns das wahre Ziel zu erreichen
ermöglicht, ist die Belehrung über die große Güte Gottes.
Dies ist jedoch ein Mittel zweiten Ranges. Schönheit und
Güte des Geliebten sind der einzige Ansporn zur Liebe. Das
Eröffnungskapitel des Qur-âns – *Fateha* – faßt die Attribute
Gottes, die Seine Güte bezeugen, wie folgt zusammen:

$$ \text{اَلْحَمْدُ لِلّٰهِ رَبِّ الْعَالَمِيْنَ الرَّحْمٰنِ الرَّحِيْمِ مٰلِكِ يَوْمِ الدِّيْنِ (الفاتحه)} $$

»Aller Ruhm gehört Gott, dem Herrn, dem Schöpfer,
Erhalter und Erzieher der Welten; Dem, Dessen Gnade
und Barmherzigkeit unbegrenzt sind, und Der der Herr
des Gerichtstags ist.« (1 : 2–4)

Es ist klar, daß die vollkommene Güte darin besteht, daß
Gott Seine Geschöpfe aus dem Nichts erschaffen hat und die
Mittel zu ihrer Erhaltung immer bereithält. Er ist die Stütze
für jedes Ding, und jede Manifestation Seiner Gnaden und
Seiner Barmherzigkeit gilt Seiner Schöpfung. Gottes Güte ist
unbegrenzt und Seine Gaben unzählig. Auf solche vollkommene Güte hat Gott im Qur-ân wiederholt hingewiesen, wie
z. B. im folgenden Vers:

$$ \text{وَاِنْ تَعُدُّوْا نِعْمَتَ اللّٰهِ لَا تُحْصُوْهَا (ابراهيم : ٣٥)} $$

»Wenn ihr versucht, Gottes Wohltaten aufzuzählen,
werdet ihr nicht imstande sein, sie zu berechnen.« (14:35)

Gebet ist das vierte Mittel, das der Allmächtige Gott, um das
wahre Ziel zu erreichen, festgesetzt hat, wie Er sagt:

ادْعُوْنِيْ أَسْتَجِبْ لَكُمْ (المؤمن : ٦١)

»Betet zu Mir; Ich will euer Gebet erhören.« (40:61)

Oft und mit Nachdruck wird uns empfohlen, zu Gott zu
beten, um Ihn nicht etwa durch unsere Kraft, sondern durch
Seine Kraft zu erreichen.

Das fünfte Mittel, welches der allmächtige Gott festgesetzt
hat, um das wahre Ziel zu erreichen, heißt *Mudjaheda*, d. h.
der Mensch sucht Gott durch Spenden seines Vermögens
und Einsatz seiner Kräfte, durch Aufopferung seines Lebens
für Seine Sache und durch die Anwendung seines Wissens
und seiner Weisheit auf Seinem Pfade, wie es heißt:

وَجَاهِدُوْا بِأَمْوَالِكُمْ وَأَنْفُسِكُمْ فِيْ سَبِيْلِ اللهِ (توبه : ٤١)

وَمِمَّا رَزَقْنٰهُمْ يُنْفِقُوْنَ (البقرة : ٣)

وَالَّذِيْنَ جَاهَدُوْا فِيْنَا لَنَهْدِيَنَّهُمْ سُبُلَنَا (العنكبوت : ٧٠)

»Streitet mit eurer Habe und eurem Leben und eurer
Person samt allen Kräften für Gottes Sache.« (9:41)
»Was immer Wir euch bereitet haben – sei es Weisheit,
Wissen, Verstand oder Geschicklichkeit –, wendet es
für Unsere Sache auf.« (2:4)
»Diejenigen, die in Unserer Sache streiten – Wir werden
sie gewißlich leiten auf Unseren Wegen.« (29:70)

190

Das sechste Mittel, um ans wahre Ziel zu gelangen, heißt Standhaftigkeit und Beharrlichkeit. Der Mensch soll unverdrossen und unermüdlich den Weg begehen und vor Prüfungen nicht weichen, wie Gott der Allmächtige sagt:

اِنَّ الَّذِينَ قَالُوا رَبُّنَا اللهُ ثُمَّ اسْتَقَامُوا تَتَنَزَّلُ
عَلَيْهِمُ الْمَلَائِكَةُ اَلَّا تَخَافُوا وَلَا تَحْزَنُوا وَابْشِرُوا
بِالْجَنَّةِ الَّتِى كُنْتُمْ تُوعَدُونَ نَحْنُ اَوْلِيَاؤُكُمْ فِى
الْحَيٰوةِ الدُّنْيَا وَفِى الْاٰخِرَةِ (حٰم : ٣١-٣٢)

»Die aber, die sprechen: ›Unser Herr ist Allah, der wahre Gott‹, und die sich von falschen Gottheiten abwenden und dann standhaft bleiben – das heißt treu und aufrichtig bei allen Prüfungen und Verfolgungen –, zu ihnen steigen die Engel nieder und sprechen: ›Fürchtet euch nicht, und seid nicht betrübt, sondern freut euch, und genießt die Wonne, die euch verheißen ward und die ihr jetzt erlangt. Wir sind eure Freunde in diesem Leben und im Jenseits‹.« (41 : 31, 32)

Diese Verse besagen, daß Standhaftigkeit (im Glauben) das Wohlgefallen Gottes herabströmen läßt. Es ist wahr (wie das arabische Sprichwort lautet): ›Standhaftigkeit sagt mehr als Wunder‹.

Der höchste Grad der Standhaftigkeit ist dann erreicht, wenn Widerwärtigkeiten aller Art den Menschen umgeben, wenn sein Leben, Vermögen und seine Ehre bedroht sind auf dem Pfade Gottes, und alles Tröstende und Erquickende verschwindet, wenn Gott Selbst ihn prüft und für eine Zeitlang die Türe der ermutigenden Visionen und Offenbarungen verschließt und den Menschen bei Trübsal und düsteren Anblicken allein läßt, und er trotzdem den Mut nicht verliert, sondern Festigkeit zeigt und nicht wie ein Feigling von der Linie abweicht oder seine Treue im geringsten in Zweifel stellt. Ein solcher Mensch zeigt sich grenzenlos standhaft und aufrichtig: Jede Erniedrigung erträgt er willig, selbst mit dem Tode findet er sich ab; niemals erwartet er Hilfe von Freunden, um standhaft bleiben zu können; nie hofft er auf fröhliche Kunde von Gott angesichts der Härte der Prüfung. Stets verhält sich ein solcher Mensch aufrichtig, auch wenn er hilflos ist und ohne Trost. Komme was da wolle – er bietet sich als Opfer und zeigt sich dem Göttlichen Willen völlig ergeben. Er beugt sich dem Göttlichen Ratschluß ohne je zu klagen oder die Fassung zu verlieren, bis die Prüfung vorüber ist.

Dies ist die wahre Standhaftigkeit, die zu Gott führt. Dies ist die edle Eigenschaft, die den Wohlgeruch aus dem Staub der Gesandten Gottes, der Propheten, der Rechtschaffenen und Aufrichtigen und der Märtyrer noch immer aussendet. Darauf weist Gott der Majestätische im folgenden Gebet hin:

$$ \text{(الفاتحة: ٦-٧)} \quad \text{اِهْدِنَا الصِّرَاطَ الْمُسْتَقِيمَ صِرَاطَ الَّذِينَ أَنْعَمْتَ عَلَيْهِمْ} $$

»Unser Gott! Führe uns auf den Weg der Standhaftigkeit, den Weg, durch dessen Befolgung wir uns Deiner Segnungen und Gnaden würdig erweisen und Dein Wohlgefallen erlangen können.« (1:6, 7)

Ein anderer Vers besagt das gleiche:

$$ \text{(الأعراف: ١٢٧)} \quad \text{رَبَّنَا أَفْرِغْ عَلَيْنَا صَبْرًا وَّتَوَفَّنَا مُسْلِمِينَ} $$

»Unser Herr! Gewähre uns bei dieser Trübsal eine Zufriedenheit, die Standhaftigkeit über uns ausgießt, und laß es so sein, daß uns der Tod nur im Zustand des Islams (Gottergebenheit) ereilt.« (7:127)

Man vergegenwärtige sich, daß bei Trübsalen und Härten

192

Gott auf die Herzen Seiner Geliebten ein Licht scheinen läßt, so daß diese gestärkt in aller Ruhe den Schwierigkeiten begegnen, und aus der Süße des Glaubens küssen sie die Fesseln, die sie binden um Seinetwillen. Wenn der Gottesfürchtige inmitten der Prüfungen steht und den Tod von Angesicht zu Angesicht sieht, schickt er sich nicht an, mit dem Barmherzigen um die Linderung der Härte zu streiten. Denn in einer solchen Lage Gott beharrlich darum zu bitten, diesen Kelch vorübergehen zu lassen, hieße, sich Gottes Willen zu widersetzen und wäre mit der vollkommenen Ergebenheit nicht vereinbar.

Der wahrhaft Liebende weicht nicht zurück, sondern tut einen Schritt weiter, wenn er Unglück und Widerwärtigkeit erlebt. Er sieht sein Leben als etwas Unbedeutsames an, nimmt Abschied von seiner Liebe zum Leben und unterstellt sich völlig dem Willen des Herrn, Dessen Wohlgefallen sein einziges Ziel ist.

Von Menschen wie ihm spricht Gott der Allmächtige:

وَمِنَ النَّاسِ مَنْ يَشْرِى نَفْسَهُ ابْتِغَآءَ مَرْضَاتِ
اللهِ وَاللهُ رَؤُوفٌ بِالْعِبَادِ ﴿البقرة: ٢٠٨﴾

»Ein Mensch, den Gott liebt, bringt auf Seinem Pfade das Opfer des Lebens dar und erkauft dadurch Gottes Wohlgefallen. Gegen diese Seine Diener ist Gott besonders barmherzig.« (2:208)

Dies ist der Geist der Standhaftigkeit, durch den der Mensch Gott begegnet. Begreife, wer begreifen will!

Das siebente Mittel zur Erlangung des Ziels ist die Gesellschaft der Rechtschaffenen und die Nachahmung ihrer guten Beispiele.

Eine der Notwendigkeiten für das Auftreten der Propheten

wurzelt in der natürlichen Neigung oder dem Bedürfnis des Menschen, einem Vorbild zu folgen. Ein vollkommenes Vorbild regt die Begeisterung an und fördert die Entschlußkraft. Derjenige aber, der keinem Vorbild folgt, wird träge und fällt schließlich den Irrtümern anheim.

Darauf weist Gott der Majestätische im folgenden Qur-ân-Vers hin:

كُونُوا مَعَ الصَّادِقِينَ (التوبه ١١٩)

»Suchet die Gesellschaft der Wahrhaftigen, der Recht-schaffenen.« (9 : 119)

Ebenfalls in dem Vers:

صِرَاطَ الَّذِينَ أَنْعَمْتَ عَلَيْهِمْ

»Begeht die Wege derer, die (vor euch) *Gottes Gnade erfuhren.«* (1 : 7)

Das achte Mittel sind die wahrhaften Traumgesichter, Visionen und Offenbarungen von Gott.

Da die Straße, die zu Gott führt, eine schwerbegehbare und geheimnisvolle Straße, reich an Schwierigkeiten und Prüfungen ist, mag der Reisende sich auf diesem unbekannten Wege verirren und zuweilen verzweifelt sein und keinen Schritt weiter tun wollen.

Darum will es die Barmherzigkeit Gottes, ihn während seiner Reise andauernd zu trösten, zu ermutigen, ihn in seinem Willen zu stärken und seine Begeisterung zu vermehren. Das ist Seine Art mit Seinen Dienern, die zu Ihm reisen, indem Er sie von Zeit zu Zeit mit Seinem Worte und Seiner Offenbarung aufmuntert und ihnen mitteilt, daß Er mit ihnen

194

ist. Auf diese Weise gestärkt, unternehmen sie die Reise mit
wachsender Lebenskraft. Also sagt Er im Our-ân:

$$\text{لَهُمُ الْبُشْرَىٰ فِى الْحَيٰوةِ الدُّنْيَا وَفِى الْأَخِرَةِ} \quad (\text{يونس : ٦٥})$$

»Für sie ist frohe Botschaft in diesem Leben sowie im
Jenseits.« (10 : 65)

Der Heilige Qur-ân hat viele weitere Mittel zur Erlangung
des Ziels aufgezeigt, die hier aber wegen der begrenzten Zeit
nicht erwähnt werden können.

Was ist die Wirkung des göttlichen Gesetzes auf den Menschen hienieden und im Jenseits?

Diese Frage ist zum Teil bereits bei der Abhandlung der ersten Frage beantwortet worden.

Ein vollkommenes, göttliches Gesetz wirkt auf den Menschen folgendermaßen: Es befreit den Menschen zunächst von seinem primitiven Zustand und führt ihn dann zur Menschlichkeit weiter. Dann wird er in die Region der hohen Moral versetzt und geht zuletzt von der Moral zur Vergeistigung und Gottesnähe über.

Die Forderungen des vollkommenen, göttlichen Gesetzes wirken auf das praktische Leben des Menschen solchermaßen, daß er durch die Befolgung des Gesetzes allmählich die Rechte der Mitmenschen erkennt und an ihnen mit Gerechtigkeit, Güte und Erbarmen handelt, wann und wo dies angebracht ist. Er gibt jedem freigiebig von seinem Wissen, seinem Verstand, seinem Eigentum und den übrigen Gaben, die Gott ihm beschieden hat.

Wie die Sonne wirft er seine Strahlen auf alle, und wie der Mond spiegelt er das Licht weiter, das er von der großen und ursprünglichen Quelle empfängt. Hell wie der Tag weist er den anderen die Wege der Tugend und Rechtschaffenheit. Wie die Nacht zieht er einen Schleier über die Schwächen und Fehler der anderen, und den Ermüdeten und Erschöpften bereitet er Ruhe. Wie der Himmel nimmt er jeden Bedrängten in seine Obhut und verschenkt den Schauer seiner Wohltaten zur rechten Zeit. Wie die Erde macht er sich in aller Demut zu einem Ruhepol für alle und nimmt sie unter seine Fittiche. Jedem bietet er verschiedenerlei geistige Früchte seiner Wohltaten. Die Befolgung eines vollkommenen, göttlichen Gesetzes bewirkt mithin, daß der Mensch seine Pflichten sowohl Gott wie auch der Schöpfung gegenüber aufs beste erfüllt. Er vergißt sich selbst in seiner Ergebenheit vor Gott und widmet sich voll und ganz dem Dienst an der Schöpfung.

Dies ist die Wandlung, die die Befolgung des göttlichen Gesetzes im Menschen schon hienieden herbeiführt. Im Jenseits aber wird der verwandelte Mensch die Begegnung mit Gott offensichtlich wahrnehmen, und der an der Schöpfung nur aus Liebe zu Gott geleistete Dienst – wozu sein Glaube und der Wunsch, das Gute zu tun, den einzigen Ansporn bildeten – wird sich für ihn in die Form der Bäume und der Ströme des Paradieses verwandeln.

Vom solchermaßen vervollkommneten Menschen sagt der Allmächtige Gott:

وَالشَّمْسِ وَضُحَاهَا وَالْقَمَرِ إِذَا تَلَاهَا وَالنَّهَارِ إِذَا جَلَّاهَا وَالَّيْلِ إِذَا يَغْشَاهَا وَالسَّمَاءِ وَمَا بَنَاهَا وَالْأَرْضِ وَمَا طَحَاهَا وَنَفْسٍ وَمَا سَوَّاهَا فَأَلْهَمَهَا فُجُورَهَا وَتَقْوَاهَا قَدْ أَفْلَحَ مَنْ زَكَّاهَا وَقَدْ خَابَ مَنْ دَسَّاهَا كَذَّبَتْ ثَمُودُ بِطَغْوَاهَا إِذِ انْبَعَثَ أَشْقَاهَا فَقَالَ لَهُمْ رَسُولُ اللَّهِ نَاقَةَ اللَّهِ وَسُقْيَاهَا فَكَذَّبُوهُ فَعَقَرُوهَا فَدَمْدَمَ عَلَيْهِمْ رَبُّهُمْ بِذَنْبِهِمْ فَسَوَّاهَا وَلَا يَخَافُ عُقْبَاهَا (الشمس : ٢-١٦)

»Bei der Sonne und ihrem Glanz, und bei dem Mond, wenn er ihr folgt, das heißt wenn er das Licht der Sonne borgt und es wie die Sonne ausstrahlt, und bei dem Tage, wenn er den Glanz der Sonne enthüllt und so die Wege erhellt; und bei der Nacht, wenn sie verdunkelt und alles in ihren Schleier hüllt; und bei dem Himmel und bei dem Zweck seiner Erschaffung; und bei der Erde und bei dem Zweck, zu dem sie wie ein Boden ausgebreitet wurde; und bei der Seele und bei ihrer Eigenschaft, die sie ebenbürtig mit der übrigen Schöpfung macht – das heißt, die Seele eines vollkommenen Menschen vereinigt in sich all die Vorzüglichkeiten, die in der übrigen Schöpfung nur vereinzelt anzutreffen sind, und während die verschiedenen Dinge der Schöp-

*fung einzeln dienen, dient ihr der vollkommene Mensch
als Ganzes, wie soeben ausgeführt. Wahrlich, wer die
Seele auf diese Weise lauter werden läßt, der ist erlöst
und errettet vom Tode (das heißt, wer in vollkommener
Hingabe zu Gott sich in den Dienst der Menschheit
stellt, wie Sonne, Mond, Erde usw.)*

Vom Tode erlöst zu werden bedeutet das ewige Leben, das
dem Vollkommenen im Jenseits gewährt werden wird. Dies
zeigt, daß eine tugendhafte Lebensbahn in Befolgung des
göttlichen Gesetzes den Menschen zu dem ewigen Leben im
Jenseits führt, und der Anblick Gottes wird seine Nahrung
sein, die es (das Leben) immerwährend erhalten wird.
Weiter heißt es:

*»Wer seine Seele in Verderbnis sinken läßt, der wird zu
Schanden werden und wird verzweifelt sein am ewigen
Leben und wird diese Welt nach einem unlauteren
Leben verlassen, ohne den Höhepunkt zu erreichen,
wozu Gott ihm die Fähigkeit gewährt hatte.«*

Als Illustration fügt der Qur-ân die Geschichte von den
Thamud an:

*»Die Thamud leugneten die Wahrheit in ihrem Trotz.
Als der Schlechteste unter ihnen aufstand, da sprach der
Gesandte Gottes: ›Laßt die Kamelstute Gottes in Frie-
den, und hindert sie nicht am Trinken‹. Sie jedoch
verwarfen den Rat und durchschnitten dem Tier die
Sehnen.«*

Das heißt, daß der Fall eines Solchen gleich dem Volk Thamud sein wird, das der ›Kamelstute Gottes‹ die Sehnen
durchschnitt und ihr nicht erlaubte, Wasser von seinem Brunnen zu trinken. Der Schelm, der seine Seele nicht läutert,
verletzt eigentlich die Kamelstute Gottes und beraubt sie des
lebensnotwendigen Wassers. Dies spielt darauf an, daß die
Seele des Menschen die Kamelstute Gottes ist, die Gott

sozusagen reitet. Das Herz des Menschen ist der Thron der Manifestation der Herrlichkeit Gottes, und das Wasser, das diese Kamelstute am Leben erhält, ist die Liebe und die Erkenntnis Gottes.

Die Sura fährt fort:

> »Nachdem sie die Kamelstute verletzten und ihr das Wasser versagten, wurden sie vernichtet, und Gott kümmerte Sich nicht um ihre Jünglinge und ihre Witwen. Das gleiche ist das Schicksal dessen, der die Kamelstute (seine eigene Seele) verletzt, sich um ihre Vervollkommnung nicht kümmert und ihr das Wasser des Lebens versagt – auch er wird der Vernichtung anheimfallen.« (91 : 2–16)

Die Philosophie des Schwörens im Heiligen Qur-ân

Im Heiligen Qur-ân kommen solche Eide vor, wo Gott im Namen der Schöpfung, wie zum Beispiel bei Sonne und Mond geschworen hat. Diese Schwüre bergen eine tiefe Weisheit, die manchen unserer Widersacher aus Unwissenheit Anlaß zur Kritik geben, und sie können nicht begreifen, aus welchem Grunde Gott von dieser Art Schwur Gebrauch machte, indem Er die Schöpfung zum Zeugen anrief. Da indes ihr Verstand nur irdisch ist und keinen Anteil an der himmlischen Weisheit hat, und sie außerstande sind, die tiefgreifenden Wahrheiten zu erfassen, müssen wir zuerst die Bedeutung und den Zweck des Schwörens überhaupt betrachten.

Der Zweck eines Eides ist, daß derjenige, der ihn leistet, dadurch nur den Mangel an genügendem Zeugnis zu decken trachtet. Der Mensch ruft Gott zum Zeugen an, wo kein anderer Zeuge über den Fall aussagen kann; denn Gott als Kenner der Geheimnisse ist der höchste Zeuge über jeden Fall. Mit seinem Schwur ersucht er Gott, Zeugnis für ihn abzulegen, auf die Weise, daß die Behauptung des Betreffenden durch göttliche Tat bestätigt werde. Wenn Gott nach dem Schwur nicht Seine Strafe auf diesen Menschen herabsteigen läßt, die als Zeichen Seines Mißfallens einem Meineid folgen muß, dann soll das eine Bestätigung Gottes sein.

Aus diesem Grunde ist es dem Menschen nicht gestattet, im Namen dieses oder jenes Geschöpfes zu schwören, da die Geschöpfe weder über das Wissen des Ungesehenen noch über die Macht verfügen, denjenigen zu strafen, der einen Meineid getan hat.

Die Zweckmäßigkeit und die Bedeutung des göttlichen Schwurs decken sich nicht mit dem, was die Geschöpfe Gottes durch Schwüre bezwecken.

Die Manifestationen Gottes nehmen zweierlei Formen an, nämlich augenfällige und abgeleitete. Erstere sind leicht verständlich, und über sie bestehen keine Meinungsverschiedenheiten; der Begriff dieser letzteren hingegen ist nicht leicht faßbar, immer wieder ergeben sich Irrtümer und Ansichtsdifferenzen.

Durch das Schwören lenkt Gott der Allmächtige unsere Aufmerksamkeit von dem Augenfälligen auf das Abgeleitete, denn das erstere beweist das letztere. Es ist offensichtlich, daß Sonne und Mond, Tag und Nacht, Himmel und Erde die schon erwähnten Eigenschaften besitzen. Aber die gleichen Merkmale, verborgen in der Seele des Menschen, sind nicht jedem augenfällig. Um zu einer Folgerung über das Vorhandensein dieser Eigenschaften in der Natur des Menschen zu kommen, hat der Allmächtige Gott Seine klaren Werke zum Zeugnis aufgerufen. Gott verweist, wenn ihr an den in der Natur des Menschen versteckten Eigenschaften zweifelt, so betrachtet die Sonne, den Mond und andere Phänomene, die

die gleichen Eigenschaften unverkennbar besitzen. Ihr wißt, daß der Mensch ein Mikrokosmos ist, und sein Wesen stellt in kleinem Maßstab all das dar, was im großen Universum vorkommt.

Nun ist es klar, daß alle großen Körper in diesem Makrokosmos gewisse Eigenschaften und Kräfte besitzen, welche sie zum Dienst an der übrigen Schöpfung anwenden. Wie kann es dann sein, daß der Mensch, der ja geistig höher steht und größer ist als die übrigen Geschöpfe, diese Fähigkeiten nicht besitzen sollte, nämlich der Schöpfung zu dienen?

Nein, auch er besitzt Licht wie die Sonne – das Licht der Weisheit und des Wissens –, vermittels dessen er die ganze Welt zu erleuchten vermag. Gleich dem Monde empfängt er ein Licht von dem Höchsten, dem Ursprung allen Lichtes – das Licht der Visionen, der Göttlichen Eingebungen und Offenbarungen –, das er an diejenigen weiterleitet, die noch nicht zur Vollkommenheit der Menschlichkeit gelangt sind.

Wie könnte man dann behaupten, daß das Prophetentum eine Lüge und die himmlische Botschaft, das göttliche Gesetz und die Heiligen Schriften bloß Betrügerei seien, um der Selbstsucht zu dienen?

Ihr seht ebenfalls, wie das Tageslicht jeden Weg erhellt und alle Unebenheiten klarmacht. Der vollkommene Mensch ist in gleicher Weise der Tag des geistigen Lichtes. Sein Erscheinen bringt alle Wege in Sicht, und er zeigt den rechten Weg deutlich, denn er allein ist der helle Tag der Wahrheit und der Rechtschaffenheit.

Ihr wißt ebenfalls, wie die Nacht den Ermüdeten und Erschöpften Ruhe bereitet. Die Überarbeiteten des Tages heißen die Nacht willkommen und legen sich mit Erleichterung zur nächtlichen Ruhe, befreit von den Anstrengungen des Tages. Die Nacht zieht einen Schleier über jede Schwäche und jeden Fehler. Die vollkommenen Diener Gottes kommen, um der Welt in gleicher Weise Ruhe zu bringen. Die

Empfänger der Offenbarungen und Eingebungen von Gott gießen den Balsam in die Seelen aller Weisen. Durch sie werden die großen Wahrheiten leicht entschleiert und Probleme gelöst.

Göttliche Offenbarung verdeckt auch die Schwächen des menschlichen Verstandes, gleich der Nacht, indem sie ihre Fehler und Missetaten verheimlicht. Die Weisen bessern sich selbst und berichtigen ihre Irrtümer durch die Führung und das Licht der göttlichen Worte, und so schützen sie sich mit der Gnade der Heiligen Offenbarung Gottes vor der öffentlichen Bloßstellung.

Dies erklärt, warum kein muslimischer Philosoph einem Götzenbild das Opfer eines Hahns gebracht hat, wie Plato dies tat. Plato ging in die Irre, weil er das Licht der göttlichen Offenbarung nicht besaß: Obwohl er ein großer Philosoph war, beging er diese äußerst verwerfliche Tat. Die Befolgung der Lehren unseres Meisters Mohammad, Gottes Friede sei mit ihm, beschirmte die muslimischen Philosophen vor solchen törichten Handlungen. Dies zeigt, wie göttliche Offenbarung, gleich der Nacht, die Unzulänglichkeiten der Weisen verschleiert.

Ihr wißt, daß die vollkommenen Diener Gottes, gleich dem Himmel, jeden Unglücklichen und Erschöpften in ihre Obhut nehmen. Die Propheten Gottes und die Empfänger Seiner Offenbarungen erlaben die Welt mit dem Regen ihrer Wohltaten und Gnaden, wie der Himmel seinen Regen niedersendet. Sie besitzen ebenso die Eigenschaft der Erde, indem verschiedene Bäume des Wissens und der Weisheit aus ihrer geläuterten Seele emporwachsen und die Welt mit ihrem Schatten, ihren Blüten und Früchten segnen.

So sind die offenen Gesetze, die wir im Buch der Natur lesen, ein Zeugnis für die verborgenen Gesetze, welche Gott in der Form der Schwüre in den erwähnten Versen beweist.

Welch eine vortreffliche Weisheit, die der Heilige Qur-ân

kundtut! Und dies ist das Wort Gottes, das auf die Lippen eines ungelehrten Wüstenbewohners gelegt wurde. Wäre es nicht das Wort Gottes gewesen, würden die Weltklugen und jene, die sich Gebildete nannten und die sich mit der tiefen Weisheit des Qur-âns konfrontiert sahen, indem sie am Ende ihres Verstandes angelangt waren, nicht diesen polemischen Aufwand gegen ihn betrieben haben.

Es ist eine allgemeine Erfahrung, daß wer den Sinn einer Weisheit durch seinen begrenzten Verstand nicht zu erfassen vermag, sich leicht anschickt, tiefe Weisheiten zu kritisieren. Derlei Kritik beweist geradezu, daß es sich dabei um eine tiefe Weisheit handeln muß, die über den Verstand der gewöhnlichen Menschen hinaus geht, und darum weisen sie die sogenannten Weisen zurück und wenden sich dagegen. Aber jetzt, wo das Geheimnis (der Schwüre) enthüllt und die wahre Bedeutung dieses Phänomens beleuchtet worden ist, wird es kein intelligenter Mensch mehr kritisieren, sondern daran seine Freude haben.

Der Heilige Qur-ân hat auch an einer anderen Stelle Gebrauch von einem Schwur gemacht, wo er die Notwendigkeit und die Wahrheit der göttlichen Offenbarung bezeugt, indem er sich auf die Naturgesetze bezieht. Er sagt also:

وَالسَّمَاءِ ذَاتِ الرَّجْعِ وَالْأَرْضِ ذَاتِ الصَّدْعِ

إِنَّهُ لَقَوْلٌ فَصْلٌ وَمَا هُوَ بِالْهَزْلِ (الطارق : ١٢–١٥)

»Ich schwöre beim Himmel, der Regen um Regen sendet, und bei der Erde, die sich spaltet durch das Wachstum der Pflanzen, daß dies (der Qur-ân) wahrlich das Wort Gottes und Seine Offenbarung ist und daß es zwischen Recht und Unrecht entscheidet und nicht eitel ist. Das heißt, es ist nicht zur Unzeit gekommen, sondern wie ein Regen, der zur rechten Zeit fällt.« (86 : 12–15)

206

Hier ruft Gott der Allmächtige – indem Er Sich der Form des Schwurs bedient – eine augenfällige Naturregel zum Zeugen an für die Wahrhaftigkeit des Heiligen Qur-âns zum Beleg dafür, daß der Qur-ân Sein Wort ist.

Wir erkennen deutlich durch die Naturregel, daß der Regen beim Bedürfnis immer wieder vom Himmel herabkommt. Das Grün der Erde ist gänzlich vom Regen abhängig, und falls der Himmel für eine Zeitlang keinen Regen sendet, trocknet das Wasser in den oberen Schichten der Erde allmählich aus. Dies zeigt, daß das Wasser in der Erde sein Vorhandensein eigentlich dem Wasser vom Himmel verdankt. Darum steigt auch der Wasserspiegel in den Quellen bei Regenzeiten, weil das Wasser von oben das Wasser in der Erde speist. Unser Verstand steht in der gleichen Beziehung zu der göttlichen Offenbarung. Göttliche Offenbarung ist das himmlische Wasser und der menschliche Verstand das irdische. Das himmlische Wasser klärt und nährt immer das irdische Wasser. Mit dem Aufhören des himmlischen Wassers – der Offenbarung Gottes –, trocknet auch das irdische Wasser – der menschliche Verstand – allmählich aus. Den Beweis dafür erbringt der Umstand, daß, wenn eine lange Zeit verstreicht, ohne daß jemand mit göttlicher Offenbarung auftritt, das irdische Wasser – der Verstand der irdischen Weisen – nur schal und unlauter wird.

Es ist von Nutzen, einen Blick auf die Zeiten vor dem Auftreten des Heiligen Propheten Mohammad (Gottes Friede und Segnungen seien mit ihm) zu werfen, um dieses Phänomen klarer zu sehen. Da seit dem Auftreten Jesu Christi 600 Jahre verstrichen waren und während der langen Zeit kein Empfänger der göttlichen Offenbarung erweckt worden war, bot die ganze Welt ein Bild des Zerfalls und der Verderbnis. Die Geschichte eines jeden Landes legt ein unmißverständliches Zeugnis dafür ab, daß in der Zeit vor dem Auftreten des Heiligen Propheten Mohammad (Gottes Friede sei mit ihm!)

sittlicher Zerfall sich in der ganzen Welt breit gemacht hatte. Warum war dem so? Was war die Ursache dafür? Nur weil die Göttliche Offenbarung für eine lange Zeit ausgeblieben war. Das himmlische Reich wurde durch den Verstand allein regiert. Jeder weiß, in welch eine Korruption der unvollkommene Verstand die Menschen stürzt. Also trocknete das irdische Wasser des menschlichen Verstandes aus, da das himmlische Wasser der göttlichen Offenbarung für lange Zeit nicht herabgesandt worden war.

Der allmächtige Gott lenkt durch diese Eide unsere Aufmerksamkeit auf Sein unabänderliches und ewiges Gesetz, daß das Grünen und Blühen der Erde vom himmlischen Regen abhängig ist. Dieses offenbare Gesetz rollt das geheime Gesetz der Offenbarung auf und legt ein Zeugnis dafür ab. Zieht also Nutzen aus dem Zeugnis dieses Zeugen, und laßt euch nicht allein durch den Verstand leiten, denn er ist nicht das Wasser, das sich ohne das himmlische Wasser erhalten kann. Wie der Regen seiner Natur gemäß das Grundwasser in allen Quellen zum Aufsteigen bringt, selbst wenn er nicht auf jede einzelne Quelle fällt, so verhält es sich ähnlich mit dem Berufenen, der die göttliche Offenbarung empfängt. Und mögen die Weisen der Welt ihm Folge leisten oder nicht, ist nicht zu verleugnen, daß in der Zeit, da ein Empfänger der göttlichen Offenbarung erscheint, der menschliche Verstand verfeinert und geklärt und in einem noch nie dagewesenen Ausmaß erhellt wird.

Überall macht sich unter den Menschen eine Sehnsucht nach der Wahrheit bemerkbar, und das Denkvermögen der Menschen wird durch das Unsichtbare angeregt. Derartiges Aufblitzen des Verstandes und des Eifers des Herzens ist dem segensreichen Erscheinen desjenigen zu verdanken, dem Gott Sich offenbart. Damit beginnt das Grundwasser aufzusteigen. Wann immer ihr daher sehet, daß plötzlich alle auf der Suche nach der Religion sind, und das Grundwasser in

Bewegung geraten ist, dann steht auf, und seid gewahr, und wisset es für sicher, daß das himmlische Wasser irgendwo auf die Erde in großen Mengen herniedergesandt worden ist, und die göttliche Offenbarung in Form des himmlischen Regens in das Herz eines Menschen gefallen ist.

Welches sind die Quellen der Gotteserkenntnis?

Mit Rücksicht auf die zur Verfügung stehende Zeit sowie auf das Umfassende, mit dem der Qur-ân diesen Gegenstand behandelt hat, werde ich mich so kurz wie möglich fassen.

Der Heilige Qur-ân hat drei Grade des Wissens erwähnt, wie schon bei der Erläuterung der Sura *Al-Takasur* beschrieben worden ist, nämlich *Ilmul yaqin, Ain-ul yaqin* und *Haqq-ul yaqin*, das heißt Gewißheit durch Folgerung, Gewißheit durch Sehen und Gewißheit durch Erlebnis.

Den ersten Grad der Gewißheit über ein Ding (durch Folgerung) erlangt man nicht unmittelbar, sondern mittelbar durch Schlußfolgerung, wie wir aus dem Vorhandensein von Rauch auf Feuer schließen. Wir sehen nicht das Feuer, sondern nur den Rauch, und erlangen von da her Gewißheit über das Feuer. Dies ist *Ilmul yaqin* (die Gewissheit durch Folgerung).

Wenn wir aber das Feuer selbst wahrnehmen, haben wir mehr Gewißheit über sein Vorhandensein, die in der Ausdrucks- weise des Heiligen Qur-âns ›Gewissheit durch Sehen‹ genannt wird.

Wir erfahren eine noch weitere Vertiefung unseres Wissens, indem wir den Gegenstand persönlich erleben, im obengenannten Falle z.B., wenn wir uns ins Feuer begeben. Alsdann gelangen wir zur dritten Stufe der Gewißheit – in der Ausdrucksweise des Qur-âns genannt ›Gewissheit durch Erlebnis‹.

Die Sura, die diese Stufen beschreibt, ist hier schon angeführt und erläutert worden. Man kann die betreffenden Stellen in dieser Abhandlung nachschlagen. Die Quellen, aus denen der erste Grad des Wissens entquillt, sind Verstand und Belehrung. Mit Bezug auf die Bewohner der Hölle bemerkt Gott im Heiligen Qur-ân:

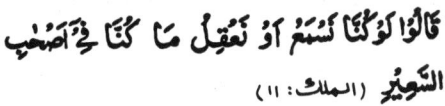

السَّمِيرُ (الملك: ١١)

213

»Sie werden sprechen: ›Hätten wir nur den Weisen und Gelehrten zugehört, oder unseren Verstand genützt, und Religion und Glauben durch unseren Verstand geprüft, wir wären heute nicht unter den Insassen des flammenden Feuers‹.« (67:11)

Den gleichen Sinn verkörpert der Vers:

قَالُوا لَوْ كُنَّا نَسْمَعُ أَوْ نَعْقِلُ مَا كُنَّا فِيٓ أَصْحَٰبِ

التَّنْوِيرُ (الملك: ١١)

»Gott der Allmächtige mutet niemandem zu, etwas anzunehmen, was über seinen Verstand hinausgeht, sondern Er legt nur die Lehrsätze und die Glaubensbekenntnisse dar, die diesseits des menschlichen Begriffs und Verstands sind, und zwingt den Menschen nichts auf, was über ihre Fassungskräfte hinausgeht.« (2:287)

Diese Verse deuten auch darauf hin, daß man sich die ›Gewißheit durch Folgerung‹ auch über Hörensagen verschaffen kann. Zum Beispiel: Wir haben die Stadt London nicht gesehen, sondern nur von ihr gehört, von Leuten, die diese Stadt besucht haben. Können wir uns aber nun vorstellen, daß alle diese Leute nur Unwahrheiten erzählt haben? Oder, obwohl wir die Zeit des Kaisers Alamgir nicht erlebt und ihn selbst nicht gesehen haben, steht doch über alle Zweifel erhaben fest, daß Alamgir einer der Moghul-Herrscher war. Wie konnten wir diesen ersten Grad der Gewissheit (*Ilmul-yaqin*) erlangen? Die Antwort ist, ›durch Hörensagen‹, vorausgesetzt, daß die Kette der Zeugen ununterbrochen ist. Somit kann auch das Hörensagen zweifelsohne zur Gewißheit durch Folgerung führen.

Die Bücher der Propheten bilden ebenfalls eine Quelle des Wissens, vorausgesetzt, daß sie unverfälscht überliefert wurden und auf einwandfreien Wegen zu uns gelangten. Aber wenn es fünfzig oder sechzig verschiedene Versionen des

selben, angeblich offenbarten Buches gibt, worin die Erzäh-
lungen sich widersprechen, kann dies dem Erforscher nicht
als Grundlage seines Wissens dienen. Dies auch dann nicht,
wenn eine Schule einige dieser Ausgaben ohne kritische
Prüfung und Erwägung als wahrheitsgetreu anerkennt und
die übrigen als unecht und erdichtet verwirft.

Alle diese Schriften, die sich widersprechen, werden als
unbrauchbar und gänzlich unzuverlässig gelten und können
niemals als Quelle des Wissens dienen, denn das richtige
Wissen ist jenes, welches uns eine Gewißheit verleiht; und
eine Sammlung von Widersprüchen vermöchte keine Gewißheit zu übermitteln.

In diesem Zusammenhang sei noch daran erinnert, daß
die Wahrhaftigkeit des Heiligen Qur-âns nicht nur von einer
ununterbrochenen Überlieferung und Echtheit abhängig ist,
sondern auch davon, daß die Aussagen dieses Buches durch
Beweise und Argumente erhärtet sind. Der Heilige Qur-ân
zwingt uns nicht, auch nur an einen einzigen Lehrsatz, ein
einziges Dogma oder Gebot zu glauben, nur weil er die
Würde der Offenbarung trägt, sondern indem er sich an
unseren Verstand richtet und alle Lehrsätze und Gebote zu-
rückführt auf die ursprüngliche Natur des Menschen, in der
sie angelegt waren. Der Qur-ân nennt sich *Zikr*, wie es steht:

هٰذَا ذِكْرٌ مُّبَارَكٌ (الاٴنبيإ : ٥١)

»Das ist eine gesegnete Ermahnung (›Zikr‹) (21:51)

Dieses gesegnete Buch lehrt nicht Fremdes und Ungewöhnli-
ches, sondern stellt nur das dar und ruft nur das in Erinnerung,
was in der menschlichen Natur sowie in den Naturgesetzen
schon vorhanden ist. An einer anderen Stelle heißt es auch:

لَآ اِكْرَاهَ فِى الدِّيْنِ (البقرة : ٢٥٦)

»(Der Islam) *zwingt den Menschen nicht, an seine
Lehrsätze zu glauben, sondern liefert Argumente für
deren Annahme.*« (2:257)

Dazu besitzt der Heilige Qur-ân die geistige Eigenschaft, die
Herzen zu erleuchten, wie es steht:

شِفَآءٌ لِّمَا فِي الصُّدُورِ ﴿يونس : ٥٨﴾

»*Der Qur-ân ist eine Heilung für jegliche Krankheit, die
in den Herzen sein mag.*« (10:58)

Somit ist der Qur-ân nicht nur ein Buch, das über Generationen überliefert wurde; vielmehr handelt es sich um ein Buch,
das ausschlaggebende Beweise ersten Grades enthält und ein
helles Licht ausstrahlt. In gleicher Weise führen die auf fester
Basis begründeten rationalen Argumente zweifellos zur Gewißheit durch Folgerung. Darauf deutet Gott der Allmächtige
in den folgenden Versen hin:

اِنَّ فِي خَلْقِ السَّمٰوٰتِ وَالْاَرْضِ وَاخْتِلَافِ الَّيْلِ
وَالنَّهَارِ لَاٰيٰتٍ لِّاُولِي الْاَلْبَابِ الَّذِينَ يَذْكُرُونَ
اللّٰهَ قِيَامًا وَّقُعُودًا وَّعَلٰى جُنُوبِهِمْ وَيَتَفَكَّرُونَ فِي
خَلْقِ السَّمٰوٰتِ وَالْاَرْضِ رَبَّنَا مَا خَلَقْتَ هٰذَا
بَاطِلًا سُبْحٰنَكَ فَقِنَا عَذَابَ النَّارِ ﴿آل عمران : ١٩١ - ١٩٢﴾

»*Wenn die Verständigen und die mit Weisheit Begabten
über die Schöpfung der Himmelskörper und der Erde
nachdenken und die Ursachen des Wechsels von Tag
und Nacht ernstlich studieren, finden sie in der Tat
Zeichen und Argumente über das Dasein Gottes. Darauf suchen sie weitere Aufklärung und tieferes Wissen,
indem sie die Hilfe Gottes erflehen und Seiner gedenken
im Stehen und Sitzen, und wenn sie auf der Seite*

liegen. Dies verfeinert ihren Verstand, so daß, wenn sie über die vollkommene Schöpfung der Himmel und Erde weiter nachsinnen, sie zwangsläufig zur bestimmten Schlußfolgerung gelangen, daß die in diesem Universum erkennbare, vollendete Ordnung und der allweise Plan nicht umsonst sind, sondern das glorreiche Antlitz Gottes offenbaren. Auf diese Weise zur Erkenntnis des Schöpfers geführt, loben sie Ihn und sprechen: ›Unser Herr, Du hast dies nicht umsonst erschaffen; nein, heilig bist Du. Fern sei von Dir, daß jemand Dein Dasein leugnen oder Dir unwürdige Attribute zuschreiben soll. Errette Du uns vor der Strafe des Feuers, denn Dich verleugnen entspricht dem Höllenfeuer, und jeder Trost und jede wahre Glückseligkeit rührt von Dir her und liegt nur in der Erkenntnis Deines Wesens. Wer Dich nicht erkennen konnte, befindet sich wahrhaftig selbst hienieden im Feuer‹.« (3:191, 192)

Was ist das menschliche Gewissen?

Das Gewissen, im Heiligen Wort Gottes auch Natur genannt, ist eine weitere Quelle des Wissens, wie es heißt:

فِطْرَتَ اللهِ الَّتِي فَطَرَ النَّاسَ عَلَيْهَا ﴿ الروم : ٣١ ﴾

»Das göttliche Gepräge auf der Natur des Menschen, das alle Menschen tragen.« (30:31)

Was ist dieses ›Gepräge auf der Natur‹ (des Menschen)? Es ist das, was den Menschen veranlaßt, Gott als den Einen und Einzigen, ohne Partner, den Schöpfer des Alls und frei von Geburt und Tod anzusehen. Obwohl das von der menschlichen Natur hergeleitete Wissen nicht Folgerung zu sein scheint (wie im Beispiel der Schluß vom Rauch auf's Feuer), betrachten wir trotzdem die menschliche Natur (Gewissen) als eine Quelle des Wissens darum, weil sie mittels eines sehr feinen Fadens von Folgerungen zu einem Schluß führt. Gott hat jedes Ding mit einer gewissen Eigenschaft begabt, welche die Worte nicht zu beschreiben vermögen, aber sobald wir darüber nachdenken und uns besinnen, werden wir unweigerlich auf die inherente Eigenschaft gelenkt. Diese Eigenschaft ist mit dem Betreffenden so eng verknüpft wie Rauch mit Feuer. Wenn wir uns z.B. die Person Gottes vorstellen und über die Attribute nachdenken, die wir Ihm zuschreiben wollten, und prüfen, ob Er Sich dem Prozeß der Geburt, des Leidens und des Todes wie wir unterwerfen sollte, dann läßt uns dieser Gedanke sofort bis mitten ins Herz erschauern. Die menschliche Natur empört sich dagegen und schaudert davor zurück, da sie es heftig zurückweist. Der Gedanke ist einfach abstoßend. Die leise Stimme unseres Gewissens wird laut und sagt uns sofort, daß Gott, von Dessen Macht alle unsere Hoffnungen abhängen, frei von jeglichem Makel, vollkommen und allmächtig sein muß. Gott und die Erkenntnis Seiner Einheit sind ebenso untrennbar in der menschlichen Natur verwurzelt, wie der Rauch vom Feuer abhängt im vorerwähnten Beispiel und sogar in noch verstärktem Ausmaß. Aus diesem Grunde gehört das Wissen, zu dem wir über unser Gewissen gelangen, zur Stufe des Wissens durch Folgerung.

Aber es gibt noch eine höhere Stufe der Gewißheit, welche ›Gewißheit durch Sehen‹ genannt wird und die dem direkten und mittelbaren Wissen über ein Ding entspricht, wie wir in der materiellen Welt das Vorhandensein des Wohlgeruches oder des üblen Duftes durch den Geruchssinn oder der Süßigkeit oder Salzigkeit durch den Geschmackssinn wahrnehmen, oder wie uns Hitze und Kälte durch den Tastsinn übermittelt werden. Alle diese Erfahrungen fallen unter den Begriff der ›Gewißheit durch Sehen‹. Aber was das Jenseits anbelangt, erreichen wir diese Stufe der ›Gewißheit durch Sehen‹ erst dann, wenn wir die göttlichen Offenbarungen unmittelbar empfangen, Seine Stimme hören und Seine klaren und deutlichen Visionen erleben.

Zweifelsohne bedürfen wir der göttlichen Offenbarung, um die vollkommene Gotteserkenntnis zu erlangen. Wir hungern und dürsten aber auch nach dieser vollkommenen Gotteserkenntnis. Wenn Gott der Allmächtige die erforderlichen Mittel zur Erlangung Seiner Erkenntnis nicht im voraus geschaffen hat, so ist dieser Hunger und dieser Durst unerklärlich. Können wir uns in diesem Leben – dem einzigen Maß für die Vorbereitung auf unser nächstes Leben – mit einem blinden Glauben begnügen, der auf Geschichten und Legenden betreffs des Daseins des wahren, vollkommenen, allmächtigen und lebendigen Gottes beruht? Oder, können wir mit der durch den Verstand geleiteten, unzureichenden Forschung zufrieden sein, die der Welt bisher nur ein unvollkommenes und mangelhaftes Wissen über das göttliche Wesen verliehen hat? Hegen die Gottliebenden nicht den Herzenswunsch, sich des Gespräches mit dem Geliebten zu erfreuen? Können jene, die um Gottes Willen all ihre weltlichen Interessen aufgegeben haben, jene, die sogar ihre Herzen und ihr Leben ihrem Meister hingegeben haben, sich damit begnügen, in einem trüben Licht murrend stehenzubleiben und das glänzende Antlitz jener Sonne der Wahrheit niemals zu erblicken? Ist es nicht wahr, daß die bestätigenden Worte von dem lebendigen Gott »*Ich bin da!*« viel besseres Wissen über Sein Dasein vermitteln als die gesamten Beweisführungen der Philosophen; so sehr, daß sich selbst ihre dünkelhaften Schriften im Gegensatz zu den Worten »*Ich bin da!*« in Nichts auflösen? Welches Licht können wir von einem sogenannten Philosophen erwarten, der selbst in Finsternis verharrt? Wenn Gott der Allmächtige es will, den Wahrheits-suchenden ein unfehlbares Wissen über Sein Wesen zu ge-währen, läßt Er die Türen des Gespräches mit Ihm bestimmt offen.

In diesem Zusammenhang lehrt Gott der Majestätische im Heiligen Qur-ân das folgende Gebet:

اِهْدِ نَا الصِّرَاطَ الْمُسْتَقِيْمَ صِرَاطَ الَّذِيْنَ اَنْعَمْتَ عَلَيْهِمْ

»Unser Herr, führe uns auf den rechten Weg, den Weg der Standhaftigkeit, den Weg derer, denen Du Deine Gnaden erwiesen.« (1:6, 7)

Das hier als ›Gnaden‹ bezeichnete Wort bedeutet das ›Himm-lische Wissen‹, das der Mensch in der Form von Offenbarun-gen, Eingebungen und Visionen direkt von Gott erhält. An einer anderen Stelle heißt es:

اِنَّ الَّذِيْنَ قَالُوْا رَبُّنَا اللهُ ثُمَّ اسْتَقَامُوْا تَتَنَزَّلُ
عَلَيْهِمُ الْمَلَآئِكَةُ اَلَّا تَخَافُوْا وَلَا تَحْزَنُوْا وَاَبْشِرُوْا
بِالْجَنَّةِ الَّتِيْ كُنْتُمْ تُوْعَدُوْنَ (حٰمٓ : ٣١)

»Diejenigen, die an Gott glauben und standhaft bleiben – zu ihnen steigen die Engel Gottes nieder und geben ihnen ein: ›Fürchtet euch nicht, und seid nicht betrübt, sondern freuet euch des Paradieses, das euch verheißen ward.« (41:31)

Dieser Vers deutet klar an, daß Gott Sich Seinen rechtschaffe-nen Dienern in Gefahr und Trübsal offenbart und daß Engel zu diesen niedersteigen, um sie zu trösten. In einem anderen Vers erklärt Er:

لَهُمُ الْبُشْرٰى فِى الْحَيٰوةِ الدُّنْيَا وَفِى الْاٰخِرَةِ (يونس : ١٥)

»Gottes Freunde erhalten frohe Botschaft durch Gottes Wort und Offenbarungen in diesem Leben sowie im Jenseits.« (10:65)

Bestimmungsbegriff von Offenbarung (Ilham)

Es ist am Platze, hier einen falschen Begriff von *Ilham* (göttliche Offenbarung) richtigzustellen. Göttliche Eingebung entspricht nicht einem jeden Gedanken, der einem einfällt, wenn man über eine Sache eingehend nachdenkt. Wenn einem Dichter, auf der Suche nach der zweiten Hälfte eines Verses, plötzlich glänzende Gedanken aufblitzen, heißt das nicht, daß er Empfänger der göttlichen Offenbarung ist. Dadurch gelangt bloß das entsprechende Naturgesetz zum Ausdruck, nämlich wenn wir unser Denkvermögen einer Sache, einer guten oder schlechten, zuwenden, so blitzen Gedanken auf, dem Genie des Denkenden entsprechend, ohne Rücksicht auf die Art des Gegenstandes. Zum Beispiel kann ein frommer und rechtschaffener Mensch Gedichte schreiben, um der Wahrheit zum Sieg zu verhelfen, und ein anderer, verdorbener und lasterhafter Dichter kann in seinen Gedichten die Falschheit loben und die Rechtschaffenen beschimpfen. Beiden wird es ohne Zweifel gelingen, einige Verse zu schmieden. Es ist sogar möglich, daß der bösartige Dichter, der Feind der Rechtschaffenen, der für die Falschheit Verse schreibt, dank besserer Gewandtheit über einen schöneren und einnehmenderen Stil eines Dichters verfügt. Wenn wir jeden Gedankenblitz als göttliche Eingebung bezeichnen wollten, dann müßten wir einen liederlichen Dichter, den Feind der Wahrheit und der Wahrheitsliebenden, den Widersacher der Wahrheit und den Erdichter der Dinge, auch mit dem Titel eines *Mulhim* (Empfänger der göttlichen Offenbarung) auszeichnen. Viele Werke sind fesselnde Geschichten, enthalten aber nur leere Gedankengänge des Schreibers. Können wir dann solche als Eingebung Gottes betrachten? Wenn wir unter dem Wort *Ilham* (göttliche Eingebung) einfach neue Gedanken und Einfälle verstehen, dann wäre auch ein Dieb als Empfänger der göttlichen Eingebungen zu betrachten, denn auch ihm fallen erstaunlich raffinierte Gedanken ein, um seine räuberischen und mörderischen Pläne zu schmieden. Ist es denn richtig, daß wir all diese zerstörerischen Gedanken als Eingebungen Gottes betrachten? Niemals. Solch ein Verständnis von *Ilham* (Offenbarung) wird von Menschen vertreten, die den wahren Gott nicht kennen, Der durch Sein Wort den Herzen Friede und Trost gewährt und den Unwissenden Erkenntnis über geistige Wahrheiten vermittelt und sie zur Gotteserkenntnis leitet.

Was ist denn Eingebung oder Offenbarung? Es ist dies das Gespräch des preiswürdigen und allmächtigen Gottes mit Seinem Auserwählten oder mit dem, den Er dadurch zum Auserkorenen machen will. Dieses Gespräch tritt durch lebendige und Allmacht spendende Worte und Anrede zutage. Wenn solche Gespräche und Anreden regelmäßig stattfinden und weder unzulänglich noch bruchstückartig, noch in die Finsternis der bösen Gedanken gehüllt sind, und wenn sie eine himmlische Glückseligkeit, göttliche Weisheit und Macht in sich tragen, dann heißen sie ›Worte Gottes‹, dank deren Er Seinen Diener tröstet und Sich ihm offenbart. Es ist auch wahr, daß manchmal einer durch offenbartes Wort geprüft wird; in diesem Falle sind die Worte nicht von der Vollkommenheit und Glückseligkeit begleitet. Hier handelt es sich um die Anfangsstufe, die den Menschen auf die Probe stellt: Er wird, nachdem er an dem erquickenden und Leben spendenden Brunnen der göttlichen Eingebung getrunken hat, sich einer Wandlung unterziehen und in seinen Taten wie die aufrichtigen Empfänger der göttlichen Eingebungen

handeln oder straucheln. Wandelt er nicht in wahrer Rechtschaffenheit wie die Aufrichtigen, so wird ihm die Vollkommenheit dieser Gnade entzogen, und bloße Eitelkeit wird
sein Gut sein.

Obwohl Millionen die göttlichen Eingebungen empfangen
haben, sind sie nicht alle gleichen Ranges bei Gott gewesen.
Selbst die heiligen Propheten Gottes, die an erster Stelle der
reinen und deutlichen Eingebungen Gottes stehen, sind nicht
alle gleichbedeutend, wie der allmächtige Gott sagt:

$$\text{(٢٥٤ : البقرة) تِلْكَ الرُّسُلُ فَضَّلْنَا بَعْضَهُمْ عَلَىٰ بَعْضٍ}$$

*»Manche Gesandte haben Wir erhöht, einige über die
anderen.«* (2:254)

Dies zeigt, daß Eingebung eine reine Gnade Gottes ist und
mit den verschiedenen Rangstufen der Gottesnähe nichts zu
tun hat, da diese vom Maß der Aufrichtigkeit, der Hingabe
und der Treue abhängen, das nur Gott kennt. Göttliche
Eingebung, wenn von all ihren segensreichen Bedingungen
begleitet, ist ohne Zweifel eine Frucht dieser Eigenschaften.
Wenn der Mensch eine Antwort von Gott auf seine Bitten
entgegennimmt, und diese Art Gespräch zwischen Gott und
Mensch ununterbrochen und in einer bestimmten Reihenfol-
ge stattfindet, und wenn das Wort von der göttlichen Majestät und Erleuchtung begleitet ist und das Wissen über die
tiefen Geheimnisse des Ungesehenen und der verborgenen
geistigen Tatsachen enthält, so ist solche Eingebung unbedingt göttlichen Ursprungs. Bei einem solchen Gespräch ist
eine enge Beziehung zwischen Gott und dem Empfänger der
Eingebung, wie zwischen zwei Freunden, erforderlich.

Ebenfalls, wenn Gott mit Seinem Diener vertraulich Zwiesprache hält, und wenn der Diener Rat sucht in irgendeiner
Sache und in Beantwortung dessen vernimmt er eine Anrede

voller Süße und ausgesuchter Sprache, von Dingen, die sein Verstand nicht im Mindesten bisher ermessen hatte, diese Zwiesprache und Offenbarung kann gewißlich als das Wort Gottes verstanden werden. Ein solcher Diener Allahs ist tatsächlich groß in der Sicht Gottes; doch dieser absolut hohe Stand, Empfänger des Wortes Gottes zu sein, dessen Merkmal seine absolute Klarheit und Reinheit ist, ist Seine besondere Wohltat und wird niemand gewährt außer denen, die unaufhörlich voranschreiten in Glauben, Hingabe und rechtschaffenen Taten. Und noch etwas (geistiger Art) ist damit verbunden, das zu beschreiben, wir Menschen allerdings außerstande sind. Wahre und reine Offenbarung enthüllt große Wunder Gottes. Oft erstrahlt ein Licht, und mit ihm kommt eine erleuchtende und majestätische Offenbarung hernieder. Welch größere Glückseligkeit und Freude können wir uns vorstellen, als mit dem Schöpfer des Himmels und der Erde sprechen zu dürfen und von Ihm angesprochen zu werden? Das Angesicht Gottes offenbart Sich nur durch Sein Wort, und auf diese Weise sieht Ihn der Mensch in dieser Welt.

Es muß allerdings klargestellt werden, daß die unzusammenhängenden Worte oder Sätze, die viele gelegentlich hören, die jedoch kein Merkmal des Zwiegesprächs tragen, nicht unter den Begriff der göttlichen Offenbarung fallen. Wer sich in einem solchen Zustand befindet, steht eigentlich unter einer göttlichen Prüfung, denn Gott prüft zuweilen die Ihm gegenüber trägen und lässigen Menschen, indem Er ihnen einige Worte oder Sätze eingibt und auf ihre Zungen solche Worte kommen läßt, deren Ursprung sie nicht kennen, und von denen sie nicht wissen, ob sie göttlich oder teuflisch sind.

Für einen solchen Menschen ist es ratsam, sich Gott zuzuwenden, Reue zu zeigen und um Vergebung zu bitten. Aber der Rechtschaffene und Aufrichtige, dem die Türen der göttlichen Offenbarung weit geöffnet werden, und den Gott klar und deutlich anspricht mit Worten, die Licht, Glückseligkeit, tiefe Bedeutung, Weisheit und Majestät enthalten, der im Zustand des Wachens mit Gott ein Zwiegespräch in Form von Frage und Antwort mindestens zehnmal geführt hat, so daß er Gott eine Bitte vorlegte, worauf Gott ihm antwortete, und dann wiederum im Zustand des Wachens Gott ein zweites Anliegen vorbrachte und von Ihm er erneut eine Antwort erhielt, um schließlich ein drittes Mal erhört zu werden – ein solches Erlebnis muß sich zehnmal wiederholt haben –, dessen Gebete im Laufe dieses Zwiegesprächs mit Gott wiederholt erhört worden sind, dem vortreffliche Wahrheiten und feine Aufschlüsse über die Geheimnisse des Ungesehenen durch Seine klaren Offenbarungen ermittelt worden sind – und dem Gott immer wieder durch Seine klaren und unmittelbaren Worte im Zwiegespräch geehrt hat – ein solcher Mensch sollte Gott dankbar sein und sich Ihm mehr als die anderen hingeben, denn er ist durch Seine reine Gnade und Barmherzigkeit unter allen Seinen Dienern auserkoren worden, und Gott hat ihn zum Erben all jener Segnungen und Gnaden gemacht, die Er den vor ihm gegangenen Rechtschaffenen erwies. Aber diese göttliche Gnade ist äußerst selten und stellt die höchste Glückseligkeit dar. Der, dem diese zuteil wurde, ihm ist alles andere Nichts im Vergleich zu dieser Gnade.

Ein Merkmal des Islams

Der Islam hat immer wieder Menschen von diesem Rang hervorgebracht. Nur im Islam erfährt man die Gnade, daß Gott Sich dem Menschen nähert, ihn anredet und in ihm spricht. Er macht das Herz des Menschen zu Seinem Thron und zieht ihn zum Himmel hin. Er gewährt ihm all die Segnungen, die Er denjenigen erwies, die vor ihm da waren.

Wehe! die blinde Welt weiß nicht, zu welcher Höhe der Mensch aufsteigen kann, wenn er sich Gott nähert. Die Weltlichen tun selbst diesbezüglich keinen einzigen Schritt, jedoch brandmarken sie den als einen Ketzer, der ein Pilger auf diesem Pfade ist, oder sie schicken sich an, ihn an Gottes Stelle anzubeten. Beides sind frevelhafte Handlungen, die dem einen oder dem anderen Extrem entspringen. Der Weise sollte aber unentwegt bleiben und dem Inhaber dieses hohen Rangs nicht dauernd die Anerkennung versagen: Er soll einen solchen Auserwählten weder verleugnen, noch sich vor ihm in Anbetung niederwerfen. Gott zieht sozusagen das Gewand Seiner Gottheit über einen solchen Auserkorenen und bezeugt somit Seine enge Beziehung zu ihm, und dieser wird zu einem Spiegel, in dem wir Gottes Bild und Gleichnis erkennen. Dies ist die Bedeutung des Wortes des Heiligen Propheten Mohammad, Gottes Friede sei mit ihm: »Wer mich gesehen hat, hat Gott gesehen.«

Darin ist ein wichtiger Hinweis für die Menschen. Dies ist die letzte Stufe des geistigen Fortschritts des Menschen, das Endziel, wo alle seine Anstrengungen enden und wo dem Pilger Ruhe und Zufriedenheit zuteil werden.

Der Verfasser, ein Empfänger göttlicher Offenbarungen

Ich würde mich eines groben Unrechtes gegenüber der Menschheit schuldig machen, sollte ich an dieser Stelle die Tatsache verschweigen, daß die Gnade Gottes mich zu dieser Höhe gehoben hat, die ich gerade oben besprochen habe. Gott hat mich mit Seinem bestimmten Worte in der Art und Weise begünstigt, die ich ausführlich beschrieben habe, auf daß ich den Blinden das Gesicht schenke, die Suchenden zum Gegenstand ihres Suchens leite und denjenigen, die die

Wahrheit annehmen, die frohe Botschaft vom reinen Brunnen verkündige, von dem viel die Rede ist, aber zu dem wenige gelangen.

Ich versichere meinen Zuhörern, daß der Gott, Dessen Begegnung das Heil und die ewige Glückseligkeit für den Menschen bedeutet, niemals zu erreichen ist ohne den Heiligen Qur-ân zu befolgen. Gott wollte, daß auch die anderen das sehen, was ich gesehen habe, und das hören was ich gehört habe, und die leeren Geschichten aufgeben und sich zur Wahrheit beeilen. Die vollkommene Quelle des Wissens, durch die wir Gott sehen können, das reinigende Wasser, das jeglichen Zweifel wegwäscht, der Spiegel, durch den das Antlitz des Höchsten Wesens zu sehen ist, ist das Gespräch mit Gott, die göttliche Offenbarung, auf die ich soeben hingewiesen habe.

Stehe auf und suche, wer in seiner Seele eine Sehnsucht nach der Wahrheit empfindet. Ich sage die Wahrheit: Wenn eine ernsthafte Sehnsucht in der Seele erweckt wird und wenn die Herzen einen richtigen Drang danach verspüren, dann werden die Menschen auf die Suche gehen und diesen Weg erforschen. Aber wie kann dieser Weg eröffnet und durch welches Mittel wird der verhüllende Schleier gelüftet werden? Ich versichere allen Suchenden, daß nur der *Islam* es ist, der die frohe Botschaft von diesem Weg verkündet. Bei allen anderen Bekenntnissen ist der Weg der göttlichen Offenbarungen seit langem versiegelt. Aber seid versichert, daß Gott ihn nicht versiegelt hat, vielmehr ist dies eine bloße Ausrede derjenigen, die selber diese himmlische Glückseligkeit nicht kennen. Wisset fürwahr, daß, wie man ohne Augen nicht sehen und ohne Ohren nicht hören und ohne Zunge nicht sprechen kann, man das Antlitz des Geliebten ohne den Heiligen Our-ân nicht zu sehen bekommt.

Einst war ich jung, nun bin ich alt geworden, aber ich habe noch keinen Menschen angetroffen, der außer an dieser klaren Quelle am Brunnen des Wissens zu seiner Befriedigung getrunken hätte.

Göttliche Offenbarung
Quelle des vollkommenen Wissens

Meine Lieben! Niemand kann über Gottes Pläne streiten. Seid gewahr, daß die Quelle des vollkommenen Wissens die göttliche Offenbarung ist – eine Gnade, die den heiligen Propheten Gottes beschieden war. Aber Gott, der Ozean der Gnade, hat nie die Türe Seiner Offenbarung versiegeln wollen, um die Welt so in Verderbnis zu stürzen. Die Türen Seiner Offenbarung und des Zwiegesprächs mit Ihm stehen ewig offen. Aber wandelt auf dem richtigen Pfade, um sie zu suchen, dann werdet ihr sie auch finden. Das Wasser des Lebens kam vom Himmel herab und staute sich in einem geeigneten Becken. Um daraus zu trinken, müßt Ihr an diesen Ort gelangen, wenn auch mit großer Mühe, und eure Lippen an diesen Brunnen ansetzen und so am Wasser des Lebens erlaben. Das höchste Glück des Menschen besteht darin, daß er in die Richtung läuft, wo er ein Anzeichen des Lichtes vorfindet, und den Weg begeht, der die Spuren seines verlorenen Freundes aufweist. Ihr seht, daß das Licht immer vom Himmel herniederkommt und seinen Glanz auf die Erde wirft, so kommt auch das wahre Licht der Rechtleitung vom Himmel her. Des Menschen Gerede und Mutmaßungen sind nicht die Wege, die zur Quelle des wahrhaften Wissens führen.

Könnt Ihr Gott ohne Seine eigene Manifestation finden? Könnt Ihr in totaler Finsternis ohne die Hilfe des himmlischen Lichtes sehen? Wenn ja, so werdet Ihr vielleicht auch hier sehen. Doch unsere Augen, wenn auch an sich gesund,

bedürfen des Lichtes von oben, um zu sehen, und unsere
Ohren, wenn auch sonst ganz in Ordnung, können nur dann
hören, wenn Gott die Luft wehen läßt. Gott ist nicht der, der
stillschweigend bleibt und uns unseren eigenen Vermutun-
gen und Mutmaßungen überläßt. Nein, der vollkommene
und lebendige Gott ist der, Der stets Selbst unverkennbare
Zeichen Seines Daseins vermittelt. Er hat Sich auch heute
entschlossen, Sich dieser Generation zu offenbaren. Die Zeit
ist vorgerückt, da die Fenster des Himmels sich öffnen werden. Die Morgendämmerung bricht bald an. Gesegnet sind
diejenigen, die sich aufmachen und nunmehr den wahren
Gott suchen, den Gott, Den keine Widerwärtigkeiten ereilen
und kein Umlauf der Zeit beeinflussen kann, und Dessen
Glorienschein nie getrübt sein wird. Gott sagt im Heiligen
Qur-ân:

اَللّٰهُ نُوْرُالسَّمٰوٰتِ وَالْاَرْضِ (النور : ٣٦)

»Gott ist das Licht des Himmels und der Erde.« (24:36)

Alles Licht rührt von Ihm her. Er ist die Sonne der Sonnen
und das Leben allen Lebens. Allein Er ist der wahre, lebendige
Gott. Gesegnet ist der, der Ihn annimmt.

Die dritte Quelle des Wissens ist jene, die auf der Stufe der
Gewißheit durch Erlebnis steht. Es sind dies die Widerwärtigkeiten, Bedrückungen und Mühsale, die die Propheten Gottes
und die Rechtschaffenen von ihren Feinden erleiden – erdulden sie ihrer Feinde wegen oder unter göttlicher Fügung –,
diese bilden ebenfalls eine Quelle des Wissens. Diese Betrüb-
nisse und Leiden lassen uns die volle Bedeutung der Gebote
und der religiösen Vorschriften, die für uns bislang nur einen
theoretischen Wert hatten, erfassen und werden in unserem
praktischen Leben illustriert. Sie erreichen den Höhepunkt

ihrer Vollkommenheit, wenn sie auf dem Nährboden der Praxis in die Tat umgesetzt werden. Ein solcher Mensch, der all dies in seinem praktischen Leben verwirklicht, verkörpert sozusagen ein vollkommenes Gesetzbuch göttlicher Führung.

Alle die moralischen Eigenschaften, wie Verzeihung, Vergeltung, Geduld, Barmherzigkeit usw., deren theoretische Verwahrer bislang das Gehirn und das Herz gewesen waren, werden nunmehr durch die praktische Anwendung zu Bestandteilen der Persönlichkeit und hinterlassen ein Gepräge auf des Menschen äußerer und innerer Natur. Darüber sagt Gott der Glorreiche:

$$
\text{وَلَنَبْلُوَنَّكُمْ بِشَىْءٍ مِّنَ الْخَوْفِ وَالْجُوعِ وَنَقْصٍ مِّنَ}
$$

$$
\text{الْأَمْوَالِ وَالْأَنْفُسِ وَالثَّمَرَاتِ وَبَشِّرِ الصّٰبِرِينَ}
$$

$$
\text{الَّذِينَ إِذَآ أَصَابَتْهُمْ مُّصِيبَةٌ قَالُوٓا إِنَّا لِلّٰهِ}
$$

$$
\text{وَإِنَّآ إِلَيْهِ رٰجِعُونَ أُولٰٓئِكَ عَلَيْهِمْ صَلَوٰتٌ}
$$

$$
\text{مِّنْ رَّبِّهِمْ وَ رَحْمَةٌ وَ أُولٰٓئِكَ هُمُ الْمُهْتَدُونَ (البقرة ٢: ١٥٨-١٥٦)}
$$

»Wir werden euch gewißlich prüfen mit Furcht und Hunger, und Verlust an Gut und Leben und Früchten (d.h. Mißlingen eurer Anstrengungen oder Tod eurer Kinder). Solche Mißgeschicke werden euch entweder durch eure Feinde oder infolge einer himmlischen Bestimmung ereilen. Doch gib frohe Botschaft denjenigen, die, wenn ein Unglück sie trifft, sagen, ›Gewiß, Gottes sind wir, und zu Ihm kehren wir heim‹. Sie sind's, auf die Gnade und Segen träuft von ihrem Herrn, und die die vollkommene Führung erlangt haben.« (2:156–158)

Hier werden wir belehrt, daß ein Wissen, das nur in unserem Herzen oder Gehirn verborgen bleibt, kein großes Verdienst ist. Das wertvolle Wissen ist jenes, das aus unserem Innern hervortritt, uns völlig durchdringt, uns schult und uns ein besonderes Gepräge verleiht und jenes, im Gedächtnis Aufgespeicherte, durch die Praxis kundtut. Das beste Mittel, das Wissen zu stärken und zu fördern, ist somit dessen Anwendung, so daß es seinen Abdruck auf jeder Fähigkeit und jedem Glied hinterläßt. Kein auch noch so elementares Wissen kann seinen Höhepunkt erreichen, solange die Praxis ausbleibt. Anhand eines Beispiels können wir dies veranschaulichen:

Seit jeher *wissen* wir, wie leicht es ist, Brotfladen zu backen; es ist keine Kunst. Man braucht lediglich das Mehl zum Teig zu verarbeiten, die Paste gleichmäßig in runde Stücke zu teilen und jeden Ball zwischen beiden Handflächen so zu pressen, bis er zur gewünschten Brotform wird. Darauf legen wir den auf diese Weise gepreßten Fladen auf eine heiße Platte, wenden ihn, bis er auf beiden Seiten braun geworden ist, und das Brot ist fertig. All das ist jedoch nichts als Prahlerei der Theoretiker. In Ermangelung der praktischen Übung stoßen wir nämlich auf mannigfache Schwierigkeiten. Erstens wird es uns nicht einmal gelingen, den Teig in der richtigen Festigkeit zuzubereiten: Entweder wird er steinhart bleiben oder wird breiig. Selbst wenn wir mit Mühe und Aufwand den Teig zubereitet haben, wird das Brot möglicherweise teils verbrannt sein und teils halbgebacken, mit Knollen in der Mitte und unförmig. Und dies, obwohl wir seit einem halben Jahrhundert beobachtet haben, wie man Brot backt. Das bloße Wissen, welches nie in die Tat umgesetzt wurde, wird uns zum Verhängnis, und als Ergebnis bringt es nur den Verlust einer großen Menge Mehls. Wenn das bloße Wissen selbst bei solch elementaren Handlungen so wenig nützt, wie können wir uns denn bei wichtigen Angelegenheiten auf ein Wissen verlassen, dem die praktische Übung fehlt.

Gott sagt uns in den oben erwähnten Versen, daß die

Prüfungen und Mühsale, die Er uns auferlegt, dazu dienen, unser Wissen durch Erfahrung und Erlebnis zu vervollkommnen. Weiter verkündet Er:

$$لَتُبْلَوُنَّ فِىٓ اَمْوَالِكُمْ وَاَنْفُسِكُمْ وَلَتَسْمَعُنَّ مِنَ
الَّذِيْنَ اُوْتُوا الْكِتَابَ مِنْ قَبْلِكُمْ وَمِنَ الَّذِيْنَ
اَشْرَكُوٓا اَذًى كَثِيْرًا وَاِنْ تَصْبِرُوْا وَتَتَّقُوْا
فَاِنَّ ذٰلِكَ مِنْ عَزْمِ الْاُمُوْرِ (ال عمران : ١٨٧)$$

»Sicherlich werdet ihr geprüft werden an eurer Habe und an eurer Person, das heißt Menschen werden euer Eigentum plündern und euch töten, und ihr werdet durch Juden und Christen und die, die Götter neben Gott setzen, oft in Bedrängnis gebracht werden, und viel Verletzendes werdet ihr von ihnen zu hören bekommen. Doch wenn ihr Standhaftigkeit zeigt und zurückhaltend seid, dann ist das fürwahr eine Sache fester Entschlossenheit.« (3:187)

Alle diese Verse zeigen klar, daß nur jenes Wissen nützlich und fruchtbar ist, das durch die praktische Anwendung bestätigt wird. Das Wissen jedoch, welches nicht in die Praxis umgesetzt wird, sondern nur Theorie bleibt, kann zum Verhängnis werden.

Wie das im Handel angelegte Kapital gedeiht und sich vermehrt, in gleicher Weise erlangt das Wissen seinen geistigen Höhepunkt durch die Anwendung. Somit ist die praktische Übung das Hauptmittel, um das Wissen zu vervollkommnen. Anwendung verleiht dem Wissen ein Licht. Die Stufe der ›Gewißheit durch Erlebnis‹ hinsichtlich des Wissens wird erst dann erreicht, wenn jeder Aspekt des Wissens in die Tat umgesetzt und jede Seite des Wissens einer praktischen Prüfung unterzogen wird. Das ist, was durch den *Islam* geschehen ist.

Gott der Allmächtige gab den Menschen Gelegenheit, alle Gebote und Lehren des Heiligen Qur-âns durch das praktische Beispiel zu illustrieren und durch dessen Licht erleuchtet zu werden.

Zwei Phasen im Leben des Heiligen Propheten

Um diesen Zweck zu erfüllen, teilte Gott der Allmächtige das Leben unseres Heiligen Propheten Mohammad – Gottes Friede sei mit ihm! – in zwei Lebensperioden: die Periode der Schwierigkeiten, Widerwärtigkeiten und Verfolgungen und die Zeiten des Triumphes und Sieges.

Dies geschah, damit die hohen moralischen Eigenschaften, welche bei Schwierigkeiten zutage treten, und die, welche sich nur bei Wohlstand und Herrschaft entfalten können, den Machtlosen aber verborgen bleiben, der Welt gezeigt werden konnten. Auf diese Weise hatte der Heilige Prophet beide Arten von moralischen Eigenschaften auf den Leuchter gestellt, und die zwiefältigen Umstände seines Lebens ließen ihn alle die edlen moralischen Eigenschaften in ihrem Glanze zeigen.

Die ersten 13 Jahre seiner Sendung in Mekka stellen die Periode der Schwierigkeiten und Leiden dar, und eine Betrachtung der Umstände seines Lebens in jenen Jahren macht es klar, daß der Heilige Prophet alle hohen moralischen Eigenschaften, die der Rechtschaffene in solchen Zeiten manifestieren soll, aufs schönste dartat, so z.B. sein Vertrauen in Gott, sein sich Fernhalten von der geringsten Ungeduld, sein edles und würdiges Benehmen, sein unerschütterlicher Eifer um die Erfüllung seiner Aufgaben, seine Furchtlosigkeit und sein Mut. Diese Standhaftigkeit machte selbst auf die Ungläubigen einen so tiefen Eindruck, daß sie ihm endlich ihren

Glauben schenkten und Zeugnis dafür ablegten, daß solche Standhaftigkeit während der schwersten Prüfungen und Leiden nur jemand an den Tag legen kann, der sein völliges Vertrauen in Gott setzt. Dann folgte eine zweite Periode seines Lebens, die Periode des Triumphes, des Sieges und Wohlstandes, in der er wiederum die hohen moralischen Eigenschaften entfaltete, wie Verzeihung von Missetaten, Wohltätigkeit und Mut, so daß allein die vollkommene Entfaltung dieser Charakterzüge große Anzahl von Ungläubigen zum Glauben bewog. Er verzieh hochherzig denjenigen, die ihn verfolgt und gepeinigt hatten, gewährte denjenigen Schutz und Frieden, die ihn aus seiner Heimatstadt Mekka vertrieben hatten, beschenkte die Armen unter seinen Gegnern mit Reichtümern und verzieh den erbittertsten seiner Feinde. Und dies in einem Augenblick, da ihr Leben gänzlich seiner Gnade ausgeliefert war. Diese Taten legen Zeugnis dafür ab, daß die von ihm gezeigten moralischen Eigenschaften nur gezeigt werden konnten, wenn der Handelnde allein auf Gott vertraute und ein wahrhaft rechtschaffener Mensch war. Der tief eingewurzelte Haß seiner Feinde wurde augenblicklich weggewaschen. Eine seiner großartigen und edlen moralischen Eigenschaften wird im Heiligen Qur-ân folgendermaßen ausgedrückt:

قُلْ إِنَّ صَلَاتِيْ وَ نُسُكِيْ وَمَحْيَايَ وَمَمَاتِيْ لِلّٰهِ
رَبِّ الْعٰلَمِيْنَ (الانعام : ١٦٣)

»Sprich zu den Leuten: ›Mein Gebet und mein Opfer und mein Leben und mein Tod gehören Gott allein‹.«
(6:163)

Das heißt, für die Manifestation Seiner Herlichkeit und für das Wohlergehen und den Nutzen Seiner Geschöpfe, auf daß mein Tod den Menschen Leben bereite.

Man darf nicht den falschen Schluß ziehen, daß der hier erwähnte Tod auf dem Pfade Gottes und um den Dienst an der Menschheit etwa bedeute, der Prophet habe wie die Unwissenden und die Leichtsinnigen es ins Auge gefaßt, seinem Leben ein Ende zu bereiten in der Annahme, sein freiwilliges Scheiden aus dem Leben würde den anderen nützlich sein. Ihm lagen derlei törichte Gedanken fern. Der Qur-ân betrachtet jeden, der Selbstmord begeht als strafwürdigen Schwerverbrecher und erklärt:

$$\text{وَلاَ تُلْقُوا بِأَيْدِيكُمْ إِلَى التَّهْلُكَةِ} \quad \text{(البقرة: ١٩٦)}$$

»Begeht nicht Selbstmord, und stürzt euch nicht mit eigener Hand ins Verderben.« (2:196)

Es ist offensichtlich, daß des einen Leid nicht dadurch Linderung erfährt, daß der andere seinen Kopf aus Mitleid für ihn gegen die Wand schlägt. Einen solchen Schritt kann man im besten Falle noch Torheit und unnötiges Leiden nennen, nicht aber Dienst am Mitmenschen. Es wäre dem Leidenden eher gedient, wenn der andere sich für diesen zweckmäßig eingesetzt und die notwendigen Heilmittel für ihn beschafft und ihn nach ärztlicher Vorschrift gepflegt hätte. Aber was nützt es dem Kranken, wenn der andere seinen Kopf um seinetwillen schlägt? Dieser hat sich einen unnötigen Schaden zugefügt.

Der Vers bedeutet, daß der Heilige Prophet – der Friede Gottes sei mit ihm – sein ganzes Leben aus Mitleid für die Menschheit ihrer Wohlfahrt gewidmet hatte. Er hatte durch Gebete, Ermahnungen und durch das Erdulden der Verfolgung durch seine Feinde und durch jedes erforderliche und weise Mittel sein Leben und alle seine Behaglichkeit auf dem Pfade Gottes geopfert, wie Gott der Glorreiche erklärt:

لَعَلَّكَ بَاخِعٌ نَفْسَكَ أَلَّا يَكُونُوا مُؤْمِنِينَ (الشعرآء: ٣)

فَلَا تَذْهَبْ نَفْسُكَ عَلَيْهِمْ حَسَرَٰتٍ (فاطر: ٩)

»Vielleicht grämst du dich noch zu Tode darüber, daß sie nicht glauben.« (26:4)
»Laß darum deine Seele nicht hinschwinden in den Seufzern für diese.« (35:9)

Mithin besteht der richtige Weg für den Menschen, um sein Leben für die anderen aufzuopfern darin, in Übereinstimmung mit den wohltätigen Naturgesetzen für die Menschen jede Mühsal auf sich zu nehmen und fleißig für die Wohlfahrt der Mitmenschen zu wirken durch die erforderlichen Mittel, und nicht darin, seinen Kopf angesichts der gefahrvollen Lage eines Volkes, das in Sünde tief versunken und in Not geraten ist, an die Wand zu schlagen, oder darin, freiwillig aus dem Leben zu scheiden mittels einer Dosis Strychnin. Diese törichte Handlung als Mittel zur Erlösung eines Volkes zu betrachten, ist nicht männlich, sondern unmännlich. Die Kleinmütigen wählen immer den Weg des geringsten Widerstandes, indem sie anstatt den Schwierigkeiten entgegenzutreten, ihr Heil im Selbstmord suchen. Mag man die Tat eines solchen Selbstmordes später so auslegen, wie man will, die Tatsache bleibt, daß diese unbedachte Tat eine Bloßstellung der Vernunft und der Vernünftigen ist.

Es ist klar, daß das Ertragen von Leiden oder die Widerstandskraft gegenüber Feinden einem Menschen niemals als eine moralische Eigenschaft angerechnet werden kann, wenn er keine Gelegenheit hatte, sich zu rächen. Denn wer weiß, wie er sich verhalten hätte, wenn er tatsächlich die Macht zur Rache gehabt hätte. Um seine hohen moralischen Eigenschaften zu beweisen, muß der Mensch sowohl Zeiten der Not als auch Zeiten der Herrschaft und des Wohlstandes erlebt haben. Wenn er sein Leben lang als ein Schwacher,

Mittelloser und Hilfloser den Verfolgungen anderer ausgesetzt war, ohne jemals Wohlstand und Macht erlangt zu haben, kann man von ihm wahrhaftig nicht sagen, er habe hohe moralische Eigenschaften gegenüber seinen Feinden an den Tag gelegt. Wenn er nie zum Schlachtfeld ging, ist es schwer festzustellen, ob er soldatischen Mut oder Feigheit an den Tag gelegt hätte. Wir können keine Wertschätzung seines Charakters vornehmen, da wir nicht wissen, wie er gegenüber seinen Feinden gehandelt hätte, falls er über die Macht verfügt hätte, sich zu rächen. Oder wie er gehandelt hätte, wenn er zum Überfluß gelangt wäre: ob er dann die Reichtümer angehäuft oder sie in Wohltätigkeit verteilt hätte. Und wenn er auf einem Schlachtfeld zugegen gewesen wäre, ob er davon gelaufen wäre oder seinen Mann gestanden hätte.

Die Gnade Gottes gewährte unserem Heiligen Propheten Mohammad – Friede Gottes sei mit ihm! – alle Gelegenheiten zur Entfaltung sämtlicher moralischer Eigenschaften. Er zeigte die Charakterzüge von Großzügigkeit, Wohltätigkeit, Mut, Sanftmut, Verzeihung und Gerechtigkeit bei passender Gelegenheit in einem solch hohen, vollkommenen Maß, daß wir in der Geschichte vergeblich nach Vergleichen suchen. Er setzte während der beiden Perioden seines Lebens – der Schwäche und der Macht, der Mittellosigkeit und des Wohlstandes – ein Beispiel für die Welt und zeigte, in welchem hohen Maß er die großen, moralischen Eigenschaften in sich vereinigte.

Keine moralische Seite des Menschen fehlte, und Gott der Allmächtige gab ihm die Gelegenheit, eine jede zweckmäßig zum Ausdruck zu bringen. Tapferkeit, Großzügigkeit, Standhaftigkeit, Verzeihung, Sanftmut und andere Charakterzüge wurden durch ihn auf eine Weise manifestiert, daß die Welt ihresgleichen vergebens sucht.

Es ist allerdings wahr, daß den unversöhnlichen Feinden des *Islams* die Verzeihung nicht gewährt wurde, noch werden konnte, da sie die Bedrückung auf die Spitze trieben und den *Islam* auszurotten suchten. Denn solche Feinde zu begnadigen käme der Vernichtung der Rechtschaffenen unter den Füßen der Bedrücker gleich.

Der Zweck der Feldzüge des Heiligen Propheten

Der Zweck der Kriege, an denen der Heilige Prophet, Friede sei mit ihm, sich beteiligen mußte, war keinesfalls das grundlose Blutvergießen. Die Muslime waren aus der Heimat ihrer Vorfahren vertrieben worden. Zahlreiche von ihnen – Männer und Frauen – wurden unschuldig gemordet. Aber dies war noch nicht das Ende der harten Bedrückung seitens der Verfolger. Sie wollten die Verbreitung der Lehre des *Islams* mit Gewalt unterdrücken. Gemäß dem göttlichen Gesetz der Sicherheit wurde dann gegen diejenigen zum Schwert gegriffen, die es gegen die unterdrückten Muslime gezogen hatten, um diese Verfolgten vollständig zu vernichten. Der Zweck jener Feldzüge war somit, das Übel der Folterungen zu verhindern, und sie waren gegen die Mörder gerichtet. Sie fanden zu einer Zeit statt, in der die Missetäter entschlossen waren, die Gläubigen auszurotten. Hätte der *Islam* sich nicht bei den gegebenen Verhältnissen gegen die Gewalttätigkeit der Bedränger verteidigt, so hätte diese zum Gemetzel von Tausenden von Unschuldigen – Kindern und Frauen – geführt, und der *Islam* wäre im Keime erstickt worden.

Unsere Gegner unterliegen einem schweren Irrtum, wenn sie meinen, daß ein von Gott offenbartes Gesetz uns auf keinen Fall erlauben soll, dem Bösen zu widerstehen, und daß göttliche Liebe und Barmherzigkeit nur durch Sanftmut und Milde ausgedrückt werden können. Ihrer Auffassung zufolge liegt die ehrerbietigste Haltung gegenüber Gott darin,

Seine vollkommenen Attribute durch Milde und Sanftmut zu begrenzen. Die mit Überlegung Begabten können indes klar daraus ersehen, daß diese Leute einem großen und bedenklichen Irrtum anheimgefallen sind.

Jeder Beobachter der Naturgesetze Gottes kann eindeutig feststellen, daß diese Gesetze eine reine Barmherzigkeit für die Welt darstellen. Aber diese Barmherzigkeit gelangt nicht immer durch Milde zum Ausdruck. Gleich einem erfahrenen Arzt überreicht Er uns zuweilen süße Medizin, und dann wieder teilt Er uns, je nach den Erfordernissen der Gesundheit, bittere Arznei aus. Seine Barmherzigkeit gegen die Menschen ist wie unsere Barmherzigkeit gegen unser eigenes Selbst. Wer kann wohl daran zweifeln, daß uns allen ein jeder Teil unseres Körpers sehr teuer ist und daß es uns ärgert, wenn jemand uns auch ein einziges Haar ausrupfen will. Nichtsdestoweniger gilt unsere Liebe und Sorge unserem ganzen Körper, und obwohl uns jeder einzelne Teil sehr teuer und lieb ist und wir ihn vor jedem Verlust oder jeder Verletzung beschützen, ist es doch wahr, daß wir nicht jedem Körperglied die gleiche Sorge und Liebe zukommen lassen. In erster Linie gilt unsere Liebe und Sorge jenen Hauptgliedern und Organen, auf die wir für die Durchführung unserer Pläne angewiesen sind. In ähnlicher Weise halten wir den Schutz der Gesamtheit der Körperglieder für wichtiger als den Schutz der einzelnen Teile. Wir sind manchmal bereit – wenn auch ungern –, um unser Leben zu retten, ein weniger wertvolles Glied verletzen oder gar amputieren zu lassen, falls dieses für andere noch wertvollere Glieder eine Gefahr bedeuten sollte. Und wiewohl uns das Wegoperieren oder die Verletzung eines uns teuren Glieds schmerzt, finden wir uns nolens volens mit dem chirurgischen Eingriff ab und betrachten ihn für die Erhaltung eines noch wertvolleren Glieds als notwendig.

Dieses Beispiel veranschaulicht uns, daß auch Gott, wenn

Er sieht, daß Seine rechtschaffenen Diener durch die gewissenlosen Götzendiener ausgerottet werden, und dadurch großes Chaos entsteht, dann ergreift Er die erforderlichen Maßnahmen – aus der Erde oder vom Himmel –, um die Gerechten zu beschützen und die Unordnung zu beseitigen. Er tut dies, weil Er sowohl der Barmherzige wie auch der Weise ist.

Preis sei Gott, dem Herrn aller Welten!